C. E. Heymann

Konstruktion und Selbstbau hölzerner Beiboote mit und ohne Besegelung

C. E. Heymann

Konstruktion und Selbstbau hölzerner Beiboote mit und ohne Besegelung

ISBN/EAN: 9783954270132
Erscheinungsjahr: 2012
Erscheinungsort: Bremen, Deutschland

© maritimepress in Europäischer Hochschulverlag GmbH & Co. KG, Fahrenheitstr. 1, 28359 Bremen. Alle Rechte beim Verlag und bei den jeweiligen Lizenzgebern.

www.maritimepress.de | office@maritimepress.de

Bei diesem Titel handelt es sich um den Nachdruck eines historischen, lange vergriffenen Buches. Da elektronische Druckvorlagen für diese Titel nicht existieren, musste auf alte Vorlagen zurückgegriffen werden. Hieraus zwangsläufig resultierende Qualitätsverluste bitten wir zu entschuldigen.

C. E. Heymann

Konstruktion und Selbstbau hölzerner Beiboote mit und ohne Besegelung

Inhaltsverzeichnis.

	Seite
Vorwort	9
I. Einleitung	11
II. **Verwendungszwecke von Beibooten.** Als Verkehrsmittel, zur Beförderung von Lasten, zu Hafenarbeiten, Jagd und Fischerei, Ausflügen, zum Schleppen, als Rettungsboot, Kleinsegelboot	13
III. **Erforderliche Eigenschaften.** Leichtigkeit, Festigkeit, Stabilität, Geräumigkeit, Tragfähigkeit, Seefähigkeit, Unsinkbarkeit, Scheuerschutz, Lenzbarkeit.	19
IV. **Arten von Beibooten.** Dinghies, Jollen, Schaluppen, Kutter, Gigs, Motorbeiboote.	23
V. **Fortbewegung.** Paddel, Wrickriemen, Riemen, Skulls, Segel, Außenbordmotor, eingebauter Motor	28
VI. **Im Gebrauch.** Anhänger achteraus, seitlich, über Kreuz. Decksboot, Seitenboot, Anbordnahme, Aussetzen, vor Anker zu Wasser, hinter dem Heck, unter dem Klüverbaum, seitlich am Spinnakerbaum, unter der Backspiere, Beibootsgebräuche	32
VII. **Ausrüstung und Zubehör.** Riemen, Dollen, Runzeln, Segel, Schwert, Ruder, Luftkästen, Schwimmkissen, Ballast, Seiten-, Bug-, Heck- und Gürtelfender, Greifleinen, Fangleinen, Bugschild, Persenning, Bodenventile, Klappverdeck, Anstrich, Flaggen	41
VIII. **Aussetzvorrichtung und Ausrüstung.** Davits, Ladebäume, Bootsklampen, Fallreep	49
IX. **Bauausführung.** Scharpie, Schipjack, Knickspant, klinker, karweel, bandkarweel, diagonal, doppelt diagonal, diagonal-karweel, Lürssen-Patent, Stahlboote, Aluminiumboote, Klappboote, Faltboote, Schlauchboote	55
X. **Abmessungen, Rauminhalt, Gewicht normaler Beiboote**	58
XI. **Risse, Baupläne und Beschreibungen von Flachboden-, Schipjack-, Knickspant-, Rundspant-Beibooten und Motorbeibooten**	61

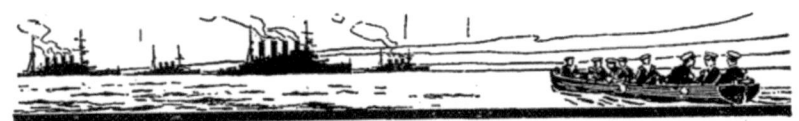

Vorwort.

Über das Beiboot ist schon viel geschrieben worden; brauchbares und Problematisches. Aber es war meist in Fachzeitschriften zerstreut, in Reiseberichte eingeschaltet und in Fachwerken zumeist nur nebensächlich behandelt. Ein Nachschlagebuch, in welchem alles Wissenswerte gesammelt und enthalten ist, und das Auskunft auf alle Fragen über das Beiboot gibt, fehlte seither in der deutschen Fachliteratur.

Es war mir daher eine angenehme und dankbare Aufgabe, das vorliegende Werkchen zusammenzustellen, eigene Erfahrungen auf Fluß und See hinein zu verflechten und auch Beispiele aus dem Ausland heranzuziehen.

Die beigegebene Sammlung von Rissen ist so vollständig, daß für jeden Zweck und jeden Geschmack und nicht zuletzt auch für verhältnismäßig billiges Geld etwas Geeignetes zu finden ist.

Der vom Verlag bereit gestellte reiche Bilderschmuck und sonstige Text-Illustrationen gestalten das Studium des Büchleins unterhaltsam. Möge es Seglern und Motorbootfahrern ein nützlicher und treuer Gefährte sein, wie der Gegenstand, von dem es handelt.

Berlin-Steglitz und Schierstein am Rhein, im Herbst 1922.

Der Verfasser.

I. Einleitung.

Allgemeines über gebräuchliche und empfehlenswerte Beschaffung von Beibooten.

Der Wunsch oder die Notwendigkeit, ein Beiboot zu besitzen, ergibt sich häufig erst nach der Übernahme des Neubaues oder dem Ankauf einer Segel- oder Motorjacht, abgesehen von größeren oder ganz großen Jachten, zu deren Ausrüstung ein oder mehrere Beiboote für die verschiedensten Zwecke ohne weiteres gehören.

Bestimmend sowohl für Anschaffung eines Beibootes überhaupt, als auch für dessen Art und Größe, sind meist sehr verschiedene Gründe. Schon der Liegeplatz der Jacht kann hierfür maßgebend sein, und selbst der Besitz einer Segeljolle kann es wünschenswert oder notwendig machen, ein Beiboot zu besitzen. Liegt die Jacht oder die Jolle an der Boje, im Hafen, auf dem Strom, oder sonst einem Ankerplatz auf Fluß und See, so ist es lästig, zeitraubend und mit der Zeit kostspielig, sich immer mit fremder Hilfe ein- und ausbooten zu lassen, und die Gelegenheit dazu ist selbst an dem ständigen Liegeplatz wohl selten dann vorhanden, wenn sie gebraucht wird.

Die Folge ist, daß dann schleunigst irgendwo irgendein Übersetzboot erworben wird, das schlecht und recht in Form, Bauart und Größe zur Jacht paßt, besten Falles aber an der Boje zurückgelassen wird, wenn die Jacht davon loswirft.

Auch die zu befahrenden Gewässer und deren Ufergestaltung bedingen häufig die Haltung eines Beibootes, dessen Mitführung sich nicht nur auf größeren Wanderfahrten, sondern auf Tages- und Nachmittagsfahrten als nützlich erweisen soll. Es sei nur an das Ausfahren von Verhol- und Festmacheleinen beim Schleusen; auf Strom von Treidelleinen an Land, Durchbugsieren unter Brücken, sowie Ausfahren von Warpankern bei etwaigem Festkommen erinnert.

Alle diese und andere Gelegenheiten, mitunter aber auch richtige Verlegenheiten, stellen Anforderungen an Beiboote, die nicht ohne weiteres von jedem Ruderboot, deshalb weil es beibootartig leicht und klein ist, erfüllt werden können.

Bei der Anschaffung eines Beibootes sollten daher die verschiedensten Verwendungszwecke wohl überlegt und Bedacht daraufgenommen werden, daß ihnen das „Baby" auch wirklich gerecht werden kann. Viel Ärger kann dann schon abgewendet und manche Enttäuschung verhütet werden. Auch die Verwahrung des Beibootes für die Zeit des Nichtgebrauches an der Kette am Steg, direkt am Ufer, an Land aufgezogen oder unter Dach und Fach im Bootshaus oder Schuppen muß bei der Wahl von Art und Größe berücksichtigt werden. Es ist daher nicht rationell, in der Zeitung „ein Beiboot billig zu kaufen" zu suchen oder ein solches dem Erbauer der Jacht, oder gar einem anderen Bootsbauer, in Auftrag zu geben, ohne seinen Verwendungszweck, die Eigenart des Gewässers, die Größe der Jacht, ihrer Aufbauten, des Deckraumes usw. genau bestimmt und angegeben zu haben.

Verschiedene deutsche Werften stellen Beiboote in allen gangbaren Größen im Reihenbau her, und man wird an Hand von Beschreibungen, Preislisten, Abbildungen und Zeichnungen wohl immer etwas geeignetes und auch bereits fertiges bei ihnen finden.

Man kann schließlich auch als Beiboot ein anderes Sportboot verwenden, z. B. eine kleine Segeljolle, eine Rudergig, und besonders auch ein kanadisches Paddel-Kanu, die neuerdings stark in Aufnahme gekommen sind und die sich auch recht gut nachschleppen sowie an Deck nehmen lassen. Mit solchen Beibooten kann man dann auch andere Sportarten ausüben und die Jachtfahrt ergänzen.

Für alle Beiboote aber, die zum ständigen Gebrauch nur als solche bestimmt sind, die dauernd als Anhänger mitfahren, oder als Decksboot mitgeführt werden sollen, ziehe man am zweckentsprechendsten, unter genauer Angabe des Verwendungszwecks oder der Zwecke, den Konstrukteur der Jacht zu Rate und beauftrage die Bauwerft der Jacht auch mit der Lieferung des oder der Beiboote. Man wird im buchstäblichen Sinn so stets am besten fahren und ein Beiboot erhalten, das in Form, Größe und Leistungsfähigkeit, ferner im Material, Bauausführung und Ausrüstung zur Jacht paßt und nötigen Falles an einem geeigneten Platz an Bord auch aufgenommen werden kann.

Im übrigen stellen die dem Werkchen beigegebenen Risse und Baupläne eine so reichhaltige Musterkarte von Beibooten aller Art dar und bieten solch eine Fülle von Richtlinien und Anregungen, daß wohl für jeden Geschmack und jeglichen Verwendungszweck etwas passendes geboten wird. Auch der angehende Liebhaber-Bootbauer wird einige Risse finden, an denen er seine Handfertigkeit erstmalig versuchen kann.

Die dabei namhaft gemachten Konstrukteure werden wohl ausnahmslos auf Anfrage, gegen entsprechende Gebühr, den Nachbau ihrer Risse gestatten und Blaupausen davon abgeben, oder die Lieferung fertiger Boote übernehmen.

II. Verwendungszwecke und Möglichkeiten von Beibooten.

Wohl an kein Fahrzeug werden im Wassersport so große und so verschiedenartige Anforderungen, im einzelnen wie im ganzen, gestellt, als an das Beiboot. Es ist gewissermaßen für die Jacht auf dem Wasser das „Mädchen für alles".

In der Hauptsache soll es dazu dienen, den Verkehr von Eigner, Gästen und Mannschaft zwischen dem Lande und der mehr oder weniger weit draußen liegenden Segel-, Dampf- oder Motorjacht zu vermitteln, oder umgekehrt vom Schiff zum Land, zuweilen auch von Schiff zu Schiff. Und zwar soll es dies bei jedem Wetter tun können, ganz gleich auch, ob die Jacht festgemacht ist, treibt, still liegt, oder sich in mäßiger Fahrt befindet. Weder Seegang noch Strom dürfen seinen Gebrauch soweit behindern können, daß es schon bei mäßigem Vorhandensein dieser Eigenschaften des Elementes ausgeschaltet wird.

Motorbeiboot im Hafenverkehr.

Nächstdem liegt dem Beiboot bei der Indienststellung der Jacht, bei Antritt größerer Fahrten oder längerer Reisen, sowie endlich bei der Außerdienststellung, die Beförderung von Ausrüstungs- und Einrichtungsstücken, Proviant, Wasser, Betriebsstoff und sonstiger Lasten zum oder von dem Schiff ob. Es muß daher jederzeit bereit sein, zum „Einholen" oder „Austragen" fortgeschickt zu werden.

Beim Einholen.

Es muß ferner den „Post- und Telegraphenboten" in angelaufenen fremden Häfen spielen bzw. ersetzen, sonstige „Botengänge" aller Art verrichten und dem Bordkoch oder der Köksch als „Marktkorb" dienen. Selbst die „Scheuerfrau", in diesem Falle ein nützlicher Mitfahrer oder auf Jachten mit ständiger Besatzung der Junge, bedienen sich seiner beim Außenbordreinigen und Bodenscheuern, wogegen es bei Ausbesserung oder Erneuerung des Außenbordanstriches vom Bootsmann als „Maler-Gerüst" bezogen wird.

Daß das Beiboot auch als „Laufbursche" ausgeschickt wird, um Verhol- und Festmacheleinen auszubringen, ist bereits im vorigen Abschnitt erwähnt worden. Oft wird es auch als „Vorspann" in Anspruch genommen, zu welchem Dienste sich aber die dazu gehörige oder kommandierte Mannschaft seltener als zu den anderen drängt, sondern in der Regel das Beiboot wer weiß wohin wünscht, nur nicht vor den Bug. Es sei denn, daß es mit einer Muckebicke, selbst vom „Nu grade nich-Typ" ausgerüstet ist.

Es sei hier eingeflochten, daß die Mitführung von Beibooten seit Einführung der Außenbordmotoren sich einerseits erheblich ausgebreitet hat, namentlich auf größeren Wanderfahrten, andererseits kann aber auch behauptet werden, daß das Mitschleppen eines Beibootes für kleinere Jachten auf Tages- oder Nachmittagsfahrten vielfach entbehrlich geworden ist, weil ein Außenbordmotor ohne viel Umstände und wesentliche besondere Einrichtungen auch am Heck oder Spiegel der Jacht selbst angebracht und in Betrieb gesetzt werden kann.

Kehren wir jedoch wieder zum Beiboot und seinen sonstigen Verwendungszwecken und Möglichkeiten zurück. Sie sind noch lange nicht erschöpft. Ihm ist bei passender Wahl seiner Größe und seines Tiefganges das schmalste und seichteste Gewässer zugängig. Es kann daher gleich gut zu Badefahrten Verwendung finden, wobei man auf tieferem Wasser allerdings nur aussteigen, aber nicht wieder einsteigen kann (weshalb es meistens zu Unrecht mit dem schmückenden Beinamen „Badewanne" bedacht wird), wie zu Ausflügen und Lagerfahrten in die nähere oder fernere Umgebung des Anker- oder Liegeplatzes. Es bietet somit Gelegenheit und stellt das Mittel dar zur Ausübung des „Wasserwandervogellebens". An Land kieloben umgedreht, bietet es sogar ein vortreffliches Dach für einen mit Hilfe der Bootspersenning hergestellten Zeltbau zum Übernachten, falls an Bord der Jacht nicht die genügende Anzahl Kojen, oder überhaupt keine Kajüte vorhanden ist, oder man dieselbe aus irgendeinem Grunde nicht benutzen kann, oder will.

Naheliegend ist auch der Gebrauch des Beibootes zum Fischen und für die Wasserjagd, ja sogar verführerisch dazu. Auf Binnengewässern darf dies allerdings nicht empfohlen werden, wenn der Jachteigner keine Berechtigung für das betreffende Revier besitzt. Zwar wird der Fischereipächter selten einem gelegentlichen Sonntagsangler etwas anhaben wollen, aber heutzutage besitzen wir einen recht umfangreichen Wasserschutz, dessen keineswegs geringste und unwichtigste Aufgabe es ist, — selbst Jagd auf das sehr verbreitete menschliche Wild zu machen, das eine der weisen Verfügungen, Verordnungen, Verbote und Gesetze wissentlich oder unwissentlich übertreten hat.

An der Küste und auf See wird das Vorhandensein eines Beibootes freilich viel leichter dazu verleiten, auf Enten, „Kajapper" (wie in Schleswig die jungen Möven heißen) oder gar einen Seehund loszuknallen. Zwar nicht vom Beiboot selbst aus, weil ein sicheres Abkommen darin kaum möglich ist, sondern von Bord der Jacht aus, die allerdings auch keinen idealen Schießstand darbietet. Aber das Beiboot kann wenigstens als „Apporteur" losgelassen werden, wenn — etwas erlegt worden ist.

Vielfach werden Beiboote, selbst kleinster Art, zum Segeln mit Schwert und Segel ausgerüstet, sei es um größere Strecken müheloser zurücklegen oder nebenbei auch noch den Kleinsegelsport damit ausüben zu können. Unter den beigegebenen Rissen findet der Leser eine Anzahl sehr guter Modelle dieser Art und besonders geeigneter Besegelungen dazu. Große Dampf-, Motor- oder Segeljachten führten bis in die neuere Zeit gewöhnlich ein größeres Segelbeiboot, das jedoch immer häufiger durch ein Motorbeiboot ersetzt wird.

Im allgemeinen werden auch besegelte Jachtbeiboote nicht eingedeckt, weder seitlich noch vorn und hinten. Wo dies dennoch der Fall ist, da geschieht es stets mit Nichtbeachtung anderer Verwendungszwecke oder gar deren gänzlicher Ausschließung. Auch zum Segeln hat die Eindeckung von Jachtbeibooten bei ihrer überhaupt nur möglichen geringen Ausdehnung wenig Zweck. Wenn trotzdem unter den beigegebenen Rissen eine ganze Reihe von gedeckten bzw. halbgedeckten Booten aufgenommen wurden, so geschah dies, weil diese Boote gewissermaßen nur nebenamtlich zu Beibooten bestimmt oder überhaupt nicht als solche entworfen sind, jedoch nach Größe und Art unter Fortlassung der Eindeckung gut brauchbare Beiboote für mittelgroße Jachten abgeben.

Das gleiche wäre von den großen Besegelungen zu sagen, die durchweg in einem vollwertigen Beiboot leicht verstaubar eingerichtet werden müssen und können, ohne zu winzig auszufallen. Große Jachten mit viel Decksraum, die das Beiboot selbst als Seiten- oder Decksboot aufnehmen können, besitzen auch den Stauraum für größere Beibootstakelagen und können die fraglichen Modelle unverändert annehmen.

Endlich sollen Jachtbeiboote auch noch als Rettungsboote dienen können, und es muß deshalb als unerläßlich angesehen werden, sie für diesen Fall mit der größten zulässigen oder vorgesehenen Belastung unsinkbar zu machen. Eingehender ist das im nächsten Abschnitt besprochen.

Eine Klasse für sich, mit zum Teil erweiterten, zum Teil aber auch verringerten Verwendungszwecken bilden die Motorbeiboote. Sie können im großen und ganzen in Tender und Seiten- oder Decksboote geschieden werden. Als Tender und Schlepper für seegehende Segeljachten sind es Dampf- oder Motorboote, die ihrer Größe und ihres Gewichtes wegen von den Jachten nicht mehr aufgeheißt werden können, wie seinerzeit der 12 m lange Motortender der Bremer 15 m-Jacht „Sophie-Elisabeth" oder die Begleit-Torpedoboote der ehemaligen Kaiserlichen Jachten „Meteor", „Iduna" usw.

Für die vorliegende Abhandlung kommen solche großen Tender nicht in Betracht. Dagegen sind in dem letzten Abschnitt des Buches eine Reihe Risse und Baupläne in- und ausländischer Herkunft von Motorbeibooten aufgenommen, die eigens als Decks- oder Seitenboote entworfen oder dazu geeignet sind. Auf ihre Besonderheit ist in dem textlichen Teil dieses Abschnittes hingewiesen, so daß sich an dieser Stelle eine eingehende Besprechung erübrigt.

Moderne Dampfjachten werden durchweg mit mindestens einem Motorbeiboot für den Gebrauch der Herrschaften ausgerüstet. Mitunter ist es sogar ein Schnell- oder Rennboot, oder gar Vorderkajütboot vom Typ der amerikanischen Hunting-Cabin-Cruiser, d. h. Jagdboote. Der Ruderbeiboote bedient man sich dann nur noch zum Mannschaftsverkehr, oder sie haben lediglich Arbeitsdienste, auch im Anhang von Motorbeibooten zu leisten.

Das Motorbeiboot großer Segeljachten ist, sofern diese keinen eigenen Hilfsmotor besitzen, fast stets auch zum Schleppen der großen Jacht geeignet, d. h. mit entsprechend starkem Antrieb ausgerüstet. Geführt wird es als Seitenboot in Davits hängend, die samt Boot bei Rennen von Bord gegeben werden.

Auch auf Motorjachten von 15 m Länge über alles an ist das einzige Beiboot häufig ein Motorboot mit etwa 2 bis 5 P. S.-Antrieb. Es kann außer zum Schleppen zu allen möglichen Beibootdiensten herangezogen werden, steht aber gewöhnlich unbenutzt in Klampen als Renommierstück auf dem Kajütdach, da die Heißvorrichtungen auf Motorjachten selten mustergiltig und besonders leistungsfähig sind. Näher ist darauf im Abschnitt über den Gebrauch von Beibooten eingegangen.

Bei flotter Fahrt mit dem Beiboot im Anhang.

III. Erforderliche Eigenschaften.

Die vielerlei Ansprüche, die für seine Verwendungsmöglichkeit an das Jachtbeiboot gestellt werden, erfordern besondere Eigenschaften desselben, die manchmal schwer zu vereinigen sind.

Grundbedingung für jedes Beiboot, ob kleinster oder größter Art, ist möglichst geringes Gewicht desselben, denn das Beiboot ist gewissermaßen ein Amphibium, das sich abwechselnd auf dem Trockenen oder im Wasser befindet.

Im Hafen werden kleine Beiboote, wenn sie nicht gebraucht werden, selten auf dem Wasser oder an Bollwerk und Steg festgemacht, sondern einfach an Land gezogen und kieloben hingelegt, wenn nicht gerade ein Schuppen oder Bootshaus zu ihrer Lagerung in der Nähe ist. Aufziehen und umdrehen soll möglichst ein Mann schaffen können, und zum Tragen sollen höchstens zwei Mann erforderlich sein. Noch angenehmer ist es, wenn das Beiboot so leicht ist, daß auch dieses ein Mann tun kann, wie nachstehende Abbildung zeigt.

In Häfen, die dem Seegang ausgesetzt sind, oder vor Klub- und Privat-Grundstücken an offenem Wasser werden kleinere Beiboote mitunter in Davits hängend aufbewahrt, und auch hierzu ist Leichtigkeit eine erwünschte Eigenschaft.

Ganz besonders wird diese aber für Anhänger gefordert, die, wenn die Umstände es verlangen, während der Fahrt an Bord genommen werden sollen.

Schließlich wird größtmögliche Leichtigkeit auch von Deck- und Seitenbooten gefordert. Einmal, um beim Aus- oder Einsetzen keine schwere Arbeit zu verursachen und mit einfachen Heißvorrichtungen auskommen zu können, sodann aber auch, um die Jacht durch das Gewicht des oder der Boote und der dazu gehörigen Einrichtung und Ausrüstung nur so wenig wie irgend möglich zu beschweren.

Bei aller Leichtigkeit muß das Jachtbeiboot aber doch fest und dauerhaft erbaut sein, denn es wird nicht immer sonderlich vorsichtig oder zart mit ihm umgegangen, vielmehr werden dagegen häufig sehr anstrengende Dienstleistungen von ihm gefordert.

Eingehend behandelt der Abschnitt über Bauausführung die Frage, wie diese wichtige Forderung von einzelnen Typen erfüllt und bei anderen zu erfüllen versucht wird.

Auch der Abschnitt mit Rissen und Beschreibungen von Beibooten aller Art gibt darüber weiter und anschaulicher Auskunft.

Beiboote jeglicher Art und Größe sollen des weiteren und hauptsächlich mit voller Last äußerst stabil sein, denn einerseits wird von ihnen im Verhältnis zu ihrer absoluten Größe fast immer große Tragfähigkeit verlangt, und andererseits soll diese auch auf bewegtem Wasser gewährleistet sein. Der Anhänger muß dagegen auch in leerem Zustand wenigstens ausreichenden Stabilitätsumfang besitzen und dieses durch seine allgemeine Form und Reserve-Verdrang gewährleisten, um im Schlepp bei Kreuz- oder Quersee nicht zu kentern. Wünschenswert, aber weniger wichtig ist Anfangsstabilität, deren Fehlen allerdings vorsichtiges Betreten und Verlassen kleiner Beiboote erheischt. Im Interesse günstiger Verdrängungslinien wird die Eigenschaft der Anfangsstabilität häufig bei der Konstruktion vernachlässigt, um andere, wie leichteres Schleppen oder Schnelligkeit, zu erzielen. Das Studium der Risse und ihre Vergleichung miteinander gibt hierüber weitere nützliche Aufschlüsse.

Ein leichtes Beiboot.

Aus der Forderung verhältnismäßig großer Tragfähigkeit folgert auch Geräumigkeit, also namentlich keine zu scharfen Linien und schmalen Enden. Nur Gigs und kleinere Boote, die nur zur schnellen Beförderung weniger oder überhaupt nur einer Person im Hafenverkehr dienen sollen, können hierin eine Ausnahme machen. Auch hiervon zeigen die Risse im letzten Abschnitt des Buches gute und lehrreiche Beispiele.

Ein gehöriger Grad Seefähigkeit bedingt reichlichen Freibord auch in vollbeladenem Zustande und kräftigen Sprung für solche Beiboote, die auf See geschleppt oder in See auch bei schlechterem Wetter ausgesetzt werden sollen. Ein gut gerundeter Vorsteven und verhältnismäßig stark aufgeholter Spiegel tragen im Verein mit entsprechenden Wasserlinien und Spantformen wesentlich zur Erhöhung der Seefähigkeit bei. Spitzgatboote dagegen, namentlich kurze, neigen leichter dazu, sich im Schlepp bei schneller Fahrt hinten stark wegzusetzen und von hinten voll zu laufen. Für Anhänger ist daher die Spitzgatform weniger empfehlenswert, als ein breiter, gut aufgeholter und tunlichst ausfallender Spiegel. Nur Rettungsboote sind durchweg spitzgat gebaut. Für sie kommt denn auch schnelles Schleppen kaum in Frage.

Nächst Seefähigkeit ist **Unsinkbarkeit** für das Jachtbeiboot, das auf See benutzt wird, eine unerläßliche Bedingung, die aber auch stets an Binnenbeiboote gestellt werden sollte, die sehr klein oder sehr rank sind. Ohne Ladung und ohne eisernes Schwert oder sonstige schweren Metallteile bleibt zwar jedes gekenterte offene Holzboot schwimmend, aber kleine Beiboote tragen dann nicht mehr viel. Größere Beiboote sollten daher stets mit Luftkästen, kleinere aber zum mindesten mit „Wielings" (d. h. Kork- oder Kapokpolstern in wasserdichter Umhüllung) versehen sein, die in Breite der obersten Planke rings um das Boot herumlaufen. Weiteres darüber ist in dem Abschnitt über Ausrüstung ausgeführt.

Jacht-Beiboote jeder Art und Größe müssen endlich auch noch einen hohen Grad von **Manöverierfähigkeit** besitzen. Ganz besonders solche, die viel auf Strom Verwendung finden. Das Beiboot muß unter allen Umständen leicht und sicher von der Jacht absetzen oder bei derselben anlegen können, ohne bei Strom, Wind oder Seegang das Schiff oder sich selbst zu beschädigen oder die Insassen zu gefährden. Riemen und Ruder müssen daher auch leicht einzusetzen oder abzunehmen sein, und bei Kraftbeibooten müssen Motor oder Schraube auf Rückwärtsgang umgeschaltet werden können.

Zerlegbares Beiboot.

Daß Jachtbeiboote innen und außen ebenso sauber und schmuck wie die Jacht, zu welcher sie gehören, gehalten werden und gehalten werden können, ist eine Forderung, die sich eigentlich von selbst versteht. Sie gilt besonders auch für Kraftbeiboote, deren Bilge nicht ein Behälter für ein Gemisch von Wasser, Treib- und Schmieröl sein darf.

Außenbords- und Bodenreinigung ist beim Beiboot verhältnismäßig leicht zu bewerkstelligen, weil es sich dauernd kaum im Wasser befindet, so daß der Boden nicht bewachsen sein kann oder weil es aufgeheißt für Bodenreinigung leicht zugängig ist.

Gründliche Reinhaltung des Bootsinneren wird durch zweckentsprechende Bauausführung ermöglicht, die gewährleistet, daß der kleinste Rest Bilgewasser und Schmutz daraus entfernt werden kann oder bei größeren und mithin schwereren Decks- und Seitenbooten durch besondere Bodenventile. Näheres darüber ist aus verschiedenen Bauplänen im XI. Abschnitt zu ersehen und im Abschnitt VII. besprochen.

Musterung der Jacht vom Beiboot aus.

IV. Arten von Beibooten.

Im großen und ganzen kann man Jachtbeiboote sowohl nach ihrem Verwendungszweck als auch nach ihrer Größe oder auch Fortbewegungsart einteilen.

Nach dem Verwendungszweck ist demnach zu unterscheiden zwischen Übersetz- oder auch Hafenverkehrsbooten, Anhängern und Decks- sowie Seitenbooten. Übersetz- oder Hafenverkehrsboote hat man sowohl verschiedener Größe als auch Bauart; der Anhänger ist dagegen stets nur ein kleines, leichtes Boot, für dessen gelegentliche Anbordnahme meistens gar keine Einsetzvorrichtungen auf der Jacht vorhanden sind, wie denn auch Anhänger fast ausnahmslos nur von kleineren und mittelgroßen Segeljachten mitgeführt werden.

Decks- und Seitenboote gehören dagegen nur zur Ausrüstung großer seegehender Segel- oder Dampfjachten, wogegen Motorjachten in der Regel nur ein, selten zwei Decksboote auf dem Kajütdach mitführen, da die Motorjacht, auch die ganz große, gemeinhin wenig freien Decksraum, umsomehr jedoch Decksaufbauten hat.

Der Größe nach lassen sich Jachtbeiboote in Dinghies, Jollen, Kutter und Gigs einteilen. Das Dinghy ist zumeist der Anhänger von Segeljachten und für ein bis höchstens drei Insassen bestimmt. Dementsprechend beschränken sich seine Abmessungen auf etwa

2,50 m bis 3,00 m Länge und 1,00 m bis 1,30 m Breite. Größere Dinghies führen Dampf- und sonstige seegehende Jachten als Seitenboote. Das Dinghy wird für gewöhnlich ohne Ruder gefahren und nur vom Ruderer gesteuert.

Die Jolle ist entweder das Arbeitsboot, sofern noch weitere Beiboote auf dem Schiff vorhanden sind, zu dem sie gehört, oder sie dient in Ermangelung solcher als allgemeines Verkehrsboot auch für den Eigner und seine Gäste. Sie ist stets Seitenboot, niemals dauernder Anhänger, und ihre Abmessungen betragen in der Regel 4,00 bis 5,50 m Länge und 1,30 m bis 1,50 m Breite. Sie ist für einen Steuermann und 2 bis 3 Ruderer eingerichtet und hat zwischen Steuer- und hinterster Querducht stets Längsduchten an beiden Seiten zur Aufnahme von Fahrgästen.

Der vier- bis sechsruderige Kutter mit Gästeraum und besonderem Stand oder Sitz für den Führer dahinter steht auf dem Aussterbe-Etat, da er bei seinen Abmessungen, die durchschnittlich bis zu 8,00 m Länge und 2,00 m Breite betragen, nur von großen Dampfjachten mitgeführt werden kann, die ihn in der neueren Zeit jedoch durch Motor- seltener Dampfbeiboote (Naphtha-Launches) ersetzt haben.

Die Gig ist in erster Linie und auf ganz großen Seejachten ausschließlich für den persönlichen Gebrauch des Eigners, höchstens noch für vornehme Gäste bestimmt. Sie ist ein elegantes, langes, schmales Boot und zum schnellen Rudern, je nach Größe der Jacht, zu welcher sie gehört, für zwei bis sechs Mann eingerichtet. Bei

Was machen wir mit dem Beiboot?

Norwegischer Marine-Kutter.

nur zwei Ruderern wird sie ohne, sonst mit Steuermann gefahren, und hat stets einen großen mit Polstern und Teppichen ausgelegten Sitzraum für den Eigner allein oder noch für Angehörige und Gäste. Gigs mit mehr als vier Ruderern werden, wenn der Eigner oder vornehme Gäste an Bord sind, vom Bootsmann oder Steuermann der Jacht (bei den Kriegsmarinen von einem Kadetten) und zwar hinter dem Eigner in einem besonderen Raum stehend gesteuert. Die Etikette gestattet in Gegenwart des Eigners ein Sitzen nur bei schlechtem Wetter oder außerhalb des Hafens auf offener Reede. Jachtgigs sind 7,00 bis 9,00 m lang und 1,20 m bis 1,50 m breit und werden auf Dampfjachten als Seitenboote, bei Segeljachten aber als Decksboote mitgeführt, da ihre leichte Bauart, bei letzteren in Davits hängend, leicht Beschädigungen ausgesetzt sein würde. Leider verschwindet auch die elegante, zu Repräsentationszwecken benutzte Jachtgig immer mehr und hat ihren Platz schon vielfach dem Motorboot abtreten müssen.

Nach der Fortbewegungsart kann man endlich noch bei Jachtbeibooten zwischen Ruder-, besegelten und Motorbeibooten unterscheiden, und zwar bei den besegelten Beibooten zwischen solchen mit Hilfsbesegelung und solchen mit voller Besegelung, mit oder ohne Deck, jedoch mit Fall- oder Steckschwert und Senkruder. Stets jedoch sind auch diese Boote ruderbar, wenn sie nicht gerade ausschließlich zur Ausübung des Kleinsegelsports dienen sollen. Besegelt werden Jachtbeiboote vom Dinghy an bis zum Kutter und der Gig. Letztere beiden ihrer großen Länge wegen meistens zweimastig.

Beiboote mit Außenbordmotor bilden keine besondere Klasse für sich, da jede der genannten Arten, wenn sie nicht gerade Spitzgatform hat, ohne weiteres mit diesem Antrieb versehen werden kann.

Auch bei den Motor-Beibooten hat man im allgemeinen die bewährte Form, Größe und Sitzeinrichtung von Dinghies, Jollen und Kuttern beibehalten, wenn man nicht gerade einen beliebigen Klein-Motorboot-Typ als Motor-Beiboot gewählt hat. Man nimmt ihre Dienste als Übersetz- und Verkehrsboote, sowie zum Schleppen in Anspruch, sofern die Jacht selbst keinen Hilfsmotor eingebaut hat, der heutzutage zur Ausrüstung fast jedes Fahrtenkreuzers gehört. Die Schlepparbeit nimmt sonst das Motorbeiboot der Jolle oder dem Kutter ab, denen sie früher oblag und kann sie vor allem über größere Strecken leisten. Ist dagegen nur ein Dinghy vorhanden, so wird häufig auch dieses mit Außenbordmotor ausgerüstet. Als Motorbeiboote findet man auf Dampfjachten sogar Schnellboote mit und ohne Sitzkajüte. Daß diese die ehemalige vornehme Gig

Motor-Dinghy.

fast schon restlos, den eleganten Kutter aber zum größten Teil verdrängt haben, ist schon erwähnt. Leider damit aber auch manche seemännischen und vornehmen Jachtgebräuche.

Schließlich kann man Jachtbeiboote noch nach der Form und Bauausführung einteilen. Als Kielboote mit stehendem oder eingebogenem Kiel werden sie fast immer klinker, seltener dagegen karweel aufgeplankt, weil letztere Bauart schwerer ausfällt. Einfache Beiboote werden als Punt, Prahm oder Scharpie, also als Flachboote erbaut. Auch das Dielenschiff der Unterweser und die Dory gehören zu den Flachbooten, ferner die Yole de mer. Die letzten beiden haben aber meistens runde Spanten. Kiellose Boote sind die Schaluppe und der Kanadier.

Über weitere Abarten der Form und Bauausführung enthält der Abschnitt IX genaueres, und im Abschnitt XI sind die verschiedensten Formen und Bauarten zeichnerisch dargestellt.

V. Fortbewegung von Beibooten.

Mannigfaltig je nach Art, Größe oder augenblicklichem Verwendungszweck ist die Fortbewegung von Beibooten durch Rudern. Das **Paddel** oder **Handruder**, wie es in manchen Gegenden heißt, gehört zum Steuern ruderloser Dinghies und sonstiger kleiner Beiboote, sowohl beim Rudern wie beim Segeln, sowie auch zur Fortbewegung, wenn sie ein einzelner Mann benutzt, der aus irgendeinem Grunde nicht mit Riemen rudern will oder kann, z. B. in engen oder stark befahrenen Gewässern, wie Hafen-Ausfahrten, Schleusenkanälen und bei dergleichen Gelegenheiten mehr, wobei es nützlich ist, mit dem Gesicht nach vorn zu fahren. „**Mit dem Handruder fahren**" ist freilich eine Fertigkeit, welche Sportleute selten besitzen, und die unzweckmäßig ausgeübt, namentlich kurze breite Beiboote nicht vorwärts treibt, sondern sie wie ein Karussel drehen läßt. Man findet richtige Fertigkeit meistens nur auf Stromrevieren, wo das Handruder zur Ausrüstung der Schiffsbeiboote gehört und wo mit ihm nicht nur außerordentlich große Manöverierfähigkeit, sondern auch angemessene Schnelligkeit und sogar Rückwärtsfahren erzielt wird.

Ein anderes Ruder, dessen Handhabung den wenigsten Sportleuten geläufig ist, ist der **Wrickriemen**. Er kann jedoch beim kleinsten Dinghy wie beim Lastboot Verwendung finden, und findet sie wiederum in engen Gewässern, oder wenn das Beiboot so be-

Wricken.

Das Beiboot als Hilfsmotor.

laden ist, daß kein Sitzplatz für den Ruderer frei ist. Der Wrickriemen ist gewöhnlich ein eschener Riemen mit geradem, also nicht hohlem Blatt und rundem Schaft mit eingekerbtem Griff. Er wird in einer besonderen eisernen Wrickdolle oder in einem entsprechenden Ausschnitt (Rundsel) am Spiegel gelagert. Die Bewegung des Wrickriemens erfolgt meist stehend mit beiden Händen, schraubenartig, richtiger in Form einer im Wasser beschriebenen Acht, wobei der Riemen um seine Längsachse so gedreht wird, daß sein Blatt abwechselnd senkrecht und wagerecht steht. Auch Wricken will verstanden sein und eignet sich besonders zur Fortbewegung schwerer oder schwer beladener Boote durch einen einzelnen Mann.

Über die sonstigen verschiedenen Riemenarten für Beiboote, als welche man auch Sportriemen oder Skulls benutzt, ist im Abschnitt VII weiteres eingehend ausgeführt. An dieser Stelle sei nur noch die von anderen Ruderbooten vielfach abweichende Besetzung mit Ruderern der Beiboote gestreift.

Einruderige Beiboote werden naturgemäß immer mit „Paar-Riemen" gerudert; fast immer ohne Steuermann. Zweiruderige dagegen, d. h. wenn sie mit Steuermann besetzt sind, in der Regel nur mit „Einzel-Riemen" von jedem Mann. Bei dreiruderigen Beibooten (Jollen) mit oder ohne Steuermann handhaben Bug- und Schlagmann je einen Riemen, der Mittelmann dagegen Paar-Riemen, damit nämlich das Boot manöverierfähig bleibt, wenn z. B.

der Bugmann Warpanker setzt, Leinen ausgefahren werden, oder an Schiff und Stegen anzulegen ist, wobei Bug- und Schlagmann anderer Arbeit wegen die Riemen einziehen müssen.

Kutter und Gigs werden je nach Größe namentlich aber Breite durchweg oder gemischt mit Paar-Riemen oder Einzelriemen gerudert. Die Gig meistens mit solcher Besetzung, weil bei ihr an Mannschaft nicht gespart werden soll.

Segel werden für Jachtbeiboote in der Regel nur zur Aushilfe angeschafft, und man versieht die Boote daher auch weder mit Deck noch mit Schwert. Als Segel wählt man einfache Spriet- oder Luggersegel mit Steckmasten und kurzen Spieren, so daß sie bequemer im Boot verstaut werden können. Dreieckige Spitz- oder Hochsegel fallen dann aber gewöhnlich zu klein aus. Allenfalls kann ihr hoher Mast aber auf längeren Kuttern oder Gigs verstaut werden, die man meistens aber aus demselben Grunde zweimastig takelt. Sollen Beiboote dagegen auch kreuzen können, so gibt man ihnen entweder einen entsprechend hohen Kiel, der sie indessen als Anhänger meist untauglich macht, oder man versieht sie der Raumersparnis halber mit Steckschwert.

Mit Decks, Fallschwert und Senkruder sowie sportmäßiger Besegelung ausgerüstete Beiboote sollen in der Regel mehr zur gelegentlichen Ausübung des Kleinsegelsports als den eigentlichen Zwecken des Beibootes dienen.

Handelt es sich aber um dauernde Zurücklegung größerer Strecken zwischen Jacht und Land oder umgekehrt, so rüstet man

Größeres Motorbeiboot.

Beiboote in der Neuzeit rationeller mit Außenbordmotor aus oder hält für die Jacht überhaupt ein Motorboot.

Für Beiboote, die nicht dauernd mit Motor fahren, sondern auch gerudert werden sollen, eignen sich außer den abnehmbaren Außenbordmotoren eingebaute Außenbordmotoren und Schachtmotoren mit entsprechenden Propellern.

VI. Das Beiboot im Gebrauch.

Ein Sorgenkind ist das hinter der Jacht hergeschleppte kleine Beiboot fast immer, weil es häufig eigensinnig seinen eigenen Weg wandeln will. Sei dies durch seitliches Ausscheren beim Wenden der Jacht, oder Auflaufen von hinten her bei langsamer Fahrt.

Besonders unartig benimmt es sich aber bei starkem achterlichen Seegang, und seine Launen müssen berücksichtigt werden. Es verlangt eine individuell angepaßte Behandlung, da die Schleppeigenschaften verschiedener Typen je nach Fahrt wechseln.

Wie lang oder wie kurz das Beiboot anzuhängen ist, muß daher ausprobiert werden, und die Länge der Schleppleine wechselt je nach Schnelligkeit der Fahrt, Höhe des Seeganges und sogar Kurs, den die Jacht unter Segel anliegt.

Im allgemeinen soll das Beiboot möglichst kurz angehängt werden, um beim Manövrieren der Jacht nicht hinderlich zu sein. Seine eigene Länge sollte als normale Länge der ausgesteckten Schleppleine gelten, falls die Jacht am Heck nicht mehr als etwa

Beiboot mit richtigem Abstand geschleppt.

den einundeinhalbfachen Freibord des Beibootes an dessen Vorsteven besitzt.

In der Berufs-Binnenschiffahrt, selbst an Dampfern, wird das angehängte Beiboot in der Regel noch kürzer geschleppt. Es wirkt allerdings dann erheblich bremsend, und hinter einer Jacht sieht ein auf solche Weise gewaltsam mitgezerrtes kleines Anhängsel unschön aus.

Andererseits wirkt ein zu lang hängendes Beiboot häufig störend, und bei langsamer Fahrt mit lose hängender Schleppleine entsteht ein unseemännischer Anblick.

Gewöhnlich wird das Beiboot achteraus nur an seiner eigenen Fangleine geschleppt, die, wie gesagt, je nach Umständen länger oder kürzer ausgesteckt wird. Zweckmäßig ist es, wenn die Fangleine nicht am Vorstevenkopf, sondern nahe der Wasserlinie am Vorsteven angeschäkelt wird, weil das Boot dann, namentlich im Seegang, sich leichter mit dem Bug heben kann.

Ein stetigeres Nachlaufen wird jedoch erreicht und störendes Ausscheren wird vermieden, wenn das Beiboot über Kreuz an zwei Leinen geschleppt wird.

In diesem Falle wird eine Leine am Beiboot steuerbords an der vorderen Ducht oder am vorderen Dollenlager angesteckt und auf der Jacht backbords belegt, eine zweite Leine dagegen am Beiboot backbords und auf der Jacht steuerbords.

Über Kreuz kann aber nur verhältnismäßig kurz geschleppt werden und auf nicht zu rauhem Wasser, also auf Kanälen, schmalen Flüssen und sonstigen beengten Fahrstraßen.

Beiboot im Schleppzug.

Mitunter ist es wünschenswert oder gar erforderlich, das Beiboot längsseits der Jacht zu schleppen. So z. B. wenn diese selbst in einen größeren Schleppzug aufgenommen ist, den hinten angehängte Beiboote noch mehr verlängern würden und in welchem sie hinderlich wären.

Auch unter Lotsenführung fahrende Motor- oder Dampfjachten schleppen das Lotsenboot häufig längsseits, um den Lotsen bequem und ohne Fahrtaufenthalt wieder absetzen zu können.

Jachten unter Segel nehmen das Beiboot dagegen nur zum Anbordnehmen, also auf kurze Zeit, und in der Regel in Lee längsseits.

Zum Längsseitsschleppen muß die Fangleine auf Gierstellung angesteckt werden. Für kurze Zeit und bei nicht zu langsamer Fahrt genügt es zu dem Zweck, die am Vorsteven des Beibootes angeschäkelte Fangleine nach hinten unter der vordersten Ducht durchzuführen und an Bord der Jacht an den Wanten zu belegen. Je nach Länge der ausgesteckten Fangleine, giert das Beiboot dann mehr oder weniger weit seitlich aus, sobald die Jacht Fahrt aufnimmt.

In dieser einfachen Gierstellung läßt sich das Beiboot jedoch nur schwer wieder Bord an Bord holen, und die Fahrt der Jacht muß zu dem Zweck meistens verlangsamt oder gänzlich gestoppt werden. Man schleppt daher das Beiboot längsseits besser an zwei Leinen, und zwar an der wie schon beschrieben geführten und belegten Gierleine und einer zweiten am Vorsteven angesteckten Fangleine, die jedoch direkt querab nach der Jacht führt. Will man das Beiboot dann Bord an Bord holen, so braucht diese zweite Leine nur soweit angeholt zu werden, daß die Gierstellung aufgehoben wird, worauf das Beiboot von selbst dicht längsseits kommt.

Mit zwei Leinen kann man ein Beiboot längsseits ferner noch so schleppen, daß man die Fangleine querab an Bord der Jacht belegt und eine zweite am Spiegel oder Hintersteven angesteckte, ebenfalls querab, aber kürzer. Sobald die Jacht Fahrt aufnimmt, schert dann das Boot, beide Leinen seitlich nach vorn tragend, in Gierstellung aus. Entsprechendes Fieren der Achterleine läßt das Beiboot Bord an Bord einscheren.

Auch über Kreuz kann man ein Beiboot längsseits schleppen. In diesem Falle nimmt man die Achterleine nach vorn und die Fangleine nach achtern, und zwar die Achterleine etwas kürzer als die Fangleine, damit das Beiboot ebenfalls wieder in Gierstellung ausscheren kann.

Längsseitsschleppen des Beibootes ist nur auf glattem Wasser angebracht, da Seegang durch Loskommen der einen oder der anderen Leine das Boot aus der Gierstellung drängen kann.

Welche von den erwähnten Festmachearten man am zweckmäßigsten anwendet, hängt von weiteren Umständen ab, die in der Praxis auftreten und deren Vorkommen außerdem von den Eigenschaften des Beibootes selbst abhängt.

Auf jeden Fall aber sollte das Beiboot, einerlei, ob achteraus oder längsseits geschleppt, stets so festgemacht sein, daß es den Bewegungen der Jacht willig folgt und keine Seitensprünge machen kann.

Zum Nachschleppen bestimmte Beiboote sollten stets einen gerundeten Vorsteven und besonders achtern stärker aufgeholten Kiel oder Boden, also beschnittenen Lateralplan, haben, damit sie nicht seitlich ausscheren und keinen Sog verursachen.

Zweckmäßig ist es auch, die Fangleine nicht am Stevenkopf, sondern, wie bereits erwähnt, nahe der Wasserlinie am Vorsteven anzuschäkeln, weil das Boot sich dann leichter über die Seen hebt und kein Krängungsmoment entsteht.

Auch ein stark ausfallender Spiegel ist für das Beiboot von Vorteil, weil nachlaufende See es dann sicherer hebt und nicht so leicht von hinten überläuft und vollschlägt. Wird auch noch die hinterste Querducht bei dieser Spiegellage etwas weiter nach vorn gerückt, so daß zwischen Spiegel und dieser Ducht ein offener Raum bleibt, so entleert das Beiboot übergenommenes Wasser bei plötzlichem Einrücken in den Zug der Fangleine zum großen Teil von selbst, und man kann dieses Selbstlenzen durch ruckweises Anholen der Fangleine auch zwangsläufig herbeiführen. Eine starke Fangleine und Abpassen des richtigen Augenblickes sind

Bei steifer Brise mit dem Beiboot auf dem Kajütdach.

Vorbedingungen zum Gelingen dieses Manövers. Übertreibung gefährdet den Fall des Vorstevens und der Fangleine des Beibootes oder der Decksklampe der Jacht, an welcher es belegt ist.

Eine derartige Behandlung des Beibootes sollte daher stets nur als Notmanöver ausgeführt werden.

Früher oder später wird auf See bei schlechtem Wetter der Augenblick eintreten, der das Anbordnehmen des angehängten Beibootes fordert. Ohne Schrammen an Beiboot und Jacht, aber auch bei der Mannschaft wird das selten abgehen.

Hat man schlechtes Wetter schon bei der Ausfahrt oder im Laufe der Reise bis zum nächsten Ziel zu erwarten, so nimmt man das Beiboot am besten schon im Hafen oder auf dem Ankerplatz an Deck, wo es mit Ruhe und Sicherheit geschehen kann.

Auf einer kleinen Jacht legt man es am besten kieloben auf der voraussichtlichen Luvseite neben den Kajütaufbau derart, daß es mit einem Schandeckel binnenbords der Decksreling und mit dem anderen auf der Kante des Kajütdaches liegt. Zum Schutz der Planken und sonstigen Holzteile legt man Matten unter und zurrt das Boot mit Leinen, die in den Speigaten der Reling und an der Kajütgalerie angesteckt sind, kreuzweise fest. Auch vorn an den Wanten und hinten wird es mit Fangleinen kurz festgemacht, um es gegen das Weggeschlagenwerden zu sichern.

Für dauerndes Mitführen eines Beibootes in dieser Lage ist es zweckmäßig, besondere Zurrings anzuschaffen und diese folgendermaßen oder auf ähnliche Art und Weise anzubringen: Auf dem Schandeckel der Jacht wird für jede Zurring ein Ringbolzen angebracht, in den ein entsprechend langes Ende angeschäkelt wird. Dasselbe wird mehrmals zwischen seinem Ringbolzen an Deck und einem ebensolchen auf dem Kajütdach geschoren, so daß eine Talje gebildet wird, mittels der man das Beiboot gut festzurren kann.

Größere Segeljachten mit glattem Deck, ohne Kajütaufbau, können ein oder zwei Beiboote als Decksboote mitführen. Sie werden neben oder hintereinander, je nach Länge und Breite des dazu verfügbaren Decksraumes, kieloben liegend oder auf ihrem Kiel in Boots-Klampen stehend, in der Regel zwischen dem Oberlicht und dem Niedergang zur Kajüte eingesetzt und festgezurrt. Die Boots-Klampen werden nach der Spantform des Beibootes ausgeschnitten, an ihrer Oberkante gepolstert und auf Rennjachten wegnehmbar gemacht. Nur Kreuzerjachten, die ein oder mehrere Beiboote ständig mitführen, haben zuweilen feste Klampen und feste Einsatzausrüstung für sie.

Motorjachten führen dagegen Beiboote zumeist auf dem Dach des Kajütaufbaues mit.

Über die besondere Ausrüstung von Jachten zum Aus- und Einsetzen von Beibooten ist im Abschnitt VIII Näheres ausgeführt.

Liegt die Jacht mit ausgesetztem Beiboot vor Anker oder an der Boje, so muß das Beiboot so festgemacht werden, daß es sich selbst oder die Jacht nicht beschädigen und überhaupt nicht gegen sie treiben kann.

Auf Strom kann man das Beiboot zwar einfach hinter das Heck hängen, doch treibt es achterlicher Wind dann unter dasselbe, ehe die Jacht herumschwoit, was sie auf starkem Strom aber überhaupt nicht tut. Hängt man am Spiegel des Beibootes aber eine Pütze ins Wasser, so bleibt es auch auf dem Strom liegen, und wenn die Jacht im Strom an einer Boje liegt, so steckt man am Spiegel des Beibootes eine hölzerne Kreuzboje aus, die sich aufrecht ins Wasser stellt und das Beiboot am Vorauslaufen hindert.

Auf stehendem Wasser und bei Windstille muß man das Beiboot jedoch anderweitig von der Jacht frei hängen, wenn es längere Zeit zu Wasser bleiben soll. Hat sie einen genügend langen Klüverbaum, so steckt man die Fangleine des Beibootes am Klüver-Ausholer an, holt diesen aus, wodurch das Beiboot an die Klüverbaumnock geholt wird, und macht mit einem zweiten Ende das Beiboot mit dem Spiegel am Bug der Jacht so fest, daß es sich auch nicht an Wasserstag oder Stampfstock scheuern kann.

Große Jachten mit fest auf- und niederstehendem Spinnakerbaum fieren diesen zum Festmachen des Beibootes recht querab und legen ihn mit Vor- und Achterholer in der Seitenrichtung fest. Das Beiboot selbst wird dann an beiden Tampen des Spinnakerausholers festgemacht, und zwar so, daß es mit diesem Ende sowohl aus- wie längseits geholt werden kann.

Dampf-, Motor- oder Segeljachten von Schiffsgröße besitzen zum Auslegen eines oder mehrerer Beiboote eine besondere Backspiere. Sie ist abnehmbar vorn am Schiffsrumpf selbst festgemacht, wird nur im Hafen oder auf Reede ausgebracht, auf See dagegen an Deck genommen. Sie ist ähnlich wie ein Spinnakerbaum mit Fall, Vor-, Achter- und Ausholer zugetakelt. Außerdem hängen an ihr aber je nach Schiffsgröße noch ein oder mehrere Jakobsleitern, um in die Beiboote oder aus denselben auf die hoch über ihnen hängende Spiere kommen zu können, und längs dieser in Hüfthöhe ein Halteseil, damit die Mannschaft beim Aus- oder Einlegen (Begehen) auf der Spiere einen Halt für die Hände hat. Eigner und Gäste gehen aber nicht über die Backspiere an und von Bord, sondern das oder die Beiboote legen zu dem Zweck am Fallreep an, das sich für Eigner, Gäste und Offiziere an Steuerbord der Jacht befindet, wogegen die Backspiere für die Mannschaft stets an Backbord ausgeschwungen wird, mit der alleinigen Ausnahme, daß Wind und Seegang nur die andere Bordseite zugängig machen.

Ebenso wie nach internationalen Jachtgebräuchen ein guter Ton an Bord der Jacht selbstverständlich ist, so auch im Beiboot.

Vieles davon hat die Neuzeit schon verwischt; das, was aber immer festgehalten werden sollte, sei der Vollständigkeit halber noch einmal in diesem Buch festgelegt oder wieder in Erinnerung gebracht.

Reinlichkeit, Ordnung und tadellose Instandhaltung sind auch für das Halten eines Beibootes jeder Art und Größe Grundbedingungen. Ebenso muß das Beiboot stets ordentlich gerudert, nicht aber gar mit Fußbodenbrettern oder sonstigem Notbehelf fortgeplätschert werden. Begegnet ein nur mit bezahlter Mannschaft besetztes Beiboot einem anderen, in welchem ein Jachteigner am Ruder sitzt oder an Land oder an Bord gefahren wird, so grüßt das erstere den

Beiboot im Stand festgemacht.

Eigner durch „Auf Riemen", d. h. es wird mit Rudern aufgehört, und die Riemen werden wagerecht ausgerichtet gehalten, bis das andere Boot passiert ist. Der Steuermann des Mannschaftsbootes grüßt außerdem durch Abnehmen der Mütze, und es ist selbstverständlich, daß der begrüßte Eigner den Gruß erwidert. Zwei sich im Beiboot begegnende Eigner grüßen sich je nach näherer oder entfernter Bekanntschaft dementsprechend mit der Mütze, gänzlich fremde aber, und ganz besonders in einem fremden Hafen, durch Abnehmen derselben.

Höflichkeit und Zweckmäßigkeit zugleich schreiben es vor, daß beim Einsteigen in ein Beiboot der Jüngere zuerst Platz nimmt, der Älteste aber zuletzt. Beim Aussteigen ist die Reihenfolge die umgekehrte, und es wird damit erreicht, daß der Ältere nicht zu warten braucht, bis alle anderen Platz genommen haben, vielmehr kann abgelegt werden, wenn die älteste Person Platz genommen hat. Umgekehrt bleiben ihr, wenn sie zuerst aussteigt, die unvermeidlichen Schlagseiten im Beiboot erspart, die jede aussteigende Person verursacht.

Selbstverständlich reicht man älteren wie auch jüngeren Damen beim Aus- und Einsteigen ins Beiboot die Hand als Stütze, denn nichts sieht lächerlicher und unsportlicher aus, als wenn jemand dabei ins Wanken gerät, womöglich ins Wasser tritt oder fällt und mit Geschrei und Gelächter geborgen werden muß. — Beibootfahren will eben auch geübt und — verstanden sein und muß mit sportlichem Anstand geschehen.

Ist das Beiboot gar nur ein kleines Dinghy, das mit mehreren Personen besetzt ist, so ist beim Aussteigen aus demselben besonders auf die auf der Steuerducht sitzende Person Rücksicht zu nehmen, die beim gleichzeitigen Aussteigen der vorderen Insassen plötzlich ahnungslos im Wasser sitzt. Eine Lage, die gerade nicht sehr forsch aussieht und Zuschauer zum Lachen reizt.

Beiboote, die sich bei Nacht einer im Hafen oder auf Reede liegenden Jacht nähern, werden von der Wache derselben mit „Boot Ahoi" angerufen. Will das Beiboot nicht an der anrufenden Jacht anlegen, so antwortet der Bootsführer „Passiert". Soll es dagegen anlegen, so lautet die Antwort „Ja, ja!" falls sich ein Eigner im Boot befindet, oder „Nein, nein!", wenn nur Mannschaft im Boot ist. Von der Wache wird sodann das Steuerbord-Fallreep ausgehängt und mit einer Handlaterne beleuchtet, wenn der Eigner oder Gäste desselben an Bord kommen; dagegen das Backbord-Fallreep, wenn die Ankommenden Mannschaften sind. Amateur-Mannschaft gilt selbstverständlich immer als Gast des Eigners.

Liegt eine Jacht, z. B. im Kieler Hafen, weit draußen mit vielen anderen zusammen, so verabredet man für den Verkehr mit dem Beiboot ein Pfeifensignal nach dem Morse-Alphabet und pfeift der Wache, wenn man vom Land an Bord geholt werden will. Man vermeidet dann den Anruf der unterwegs zu passierenden fremden Jachten. Liegt das Beiboot dagegen am Land, und man will an Bord fahren, so pfeift man ebenfalls der Wache, worauf sie eine Laterne schwenkt, damit der Liegeplatz der Jacht leichter gefunden wird.

Fremde, welche an Bord geholt sein wollen, rufen die Jacht mit „Ahoi" und ihrem Namen an, doch ist es meistens angebrachter, sich als Fremder von einem Fährmann übersetzen zu lassen.

Im übrigen hängt die zweckentsprechende Anwendung dieser Gebräuche von der Größe der Jacht, mit welcher verkehrt wird, ebenso ab, wie von der Größe und Art des Beibootes, das den Verkehr vermittelt; schließlich aber auch gehört seemännisches Empfinden und Verständnis dazu.

An flachem Ufer.

VII. Ausrüstung und Zubehör.

Zu jedem Beiboot und jeder Art desselben gehört eine vollständige Ausrüstung, die es ermöglicht, vollkommen unabhängig von der Jacht zu fahren, und die in mancher Hinsicht von derjenigen gewöhnlicher Ruderboote abweicht.

Schwere Arbeits-Beiboote werden gewöhnlich mit runden, eschenen Riemen mit flachen Blättern ausgerüstet, welche in „Runzeln" (Ausschnitte im Setzbord) gelagert sind. Mit einem Riemen können sie auch gewrickt werden, und im Spiegel ist dafür eine halbrunde Runzel ausgeschnitten.

Jollen werden dagegen meistens mit halbrunden oder runden Sportriemen in eisernen Gabeldollen oder auch hölzernen Dollen gerudert. Elegantere Beiboote dieser Art rüstet man auch mit Messingdollen aus. Alle Dollen sind aus dem Lager herausnehmbar, damit mit ihnen beim Anlegen nicht Anstrich oder Planken der Jacht beschädigt werden können.

Gigs haben entweder feste, hölzerne Dollenlager für Sportriemen oder Rotguß-Drehdollen für Skulls, da diese Boote nicht an der Bordwand selbst, sondern stets nur am Fallreep großer Jachten anlegen.

Weniger einheitlich ist aber die Ruderausrüstung kleiner Jollen und Dinghies und der dazu gehörigen Dollen. Stets jedoch müssen die Riemen schnell abnehmbar sein, nicht nur einziehbar wie Sportriemen oder Skulls, da diese Beiboote außerordentlich manövrierfähig sein müssen, und sowohl im starken Strom, wie bei Wind und Seegang, trotz ihrer Kleinheit sicher an der Jacht sollen an- und ablegen können. Die gewöhnlich vom Bootsbauer gelieferten runden Beibootriemen mit flachem Blatt und eisernen Gabeldollen sind nicht zweckentsprechend genug, da sie sich nicht schnell genug aus der Dolle heben lassen, sondern eingezogen werden müssen, worauf dann erst die Dollen herausgenommen werden können. Sehr häufig geht aber dabei die eine oder andere durch Ins-Wasser-fallen verloren.

Für Dinghies sind daher andere Riemenarten empfehlenswerter, und es werden in ihnen denn auch häufig Riemen oder Skulls mit vierkantigem Schaft bis zum Blatt oder wenigstens vierkantigem Innenhebel benutzt, an welchem eine eiserne Gabeldolle mit der Gabel durch den Schaft hindurch festgeschraubt ist. Diese Riemen samt Dollen sind also mit einem einzigen Griff aus dem Lager zu heben.

Bei einer anderen Art ist an dem vierkantigen Schaft seitlich an der Hinterseite ein Augbolzen angeschraubt, mit welchem der Riemen auf einer festen eisernen Stiftdolle gelagert wird. Auch diese Riemen lassen sich zwar augenblicklich ausheben, die Stiftdolle bleibt jedoch stecken, und der Riemen nutzt sich an seiner unteren Auflageseite schnell ab und verursacht bei trockenem Wetter außerdem ein unangenehmes, quietschendes Geräusch.

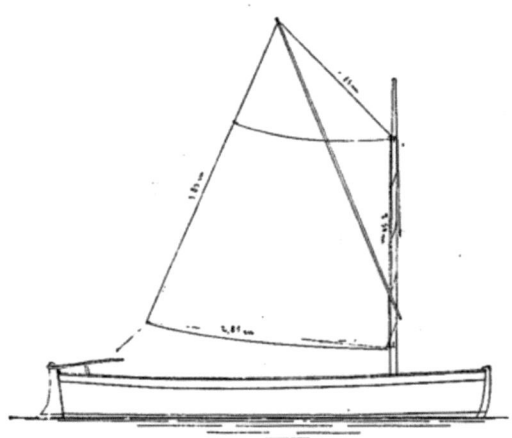

Beiboot mit baumlosem Sprietsegel und Geitau.

Eine bessere Dinghy-Riemenform sieht man dagegen häufiger auf englischen Beibooten. Diese Riemen sind hochkant aus einem Brett geschnitten. An der Hinterseite ist ein etwa 15 cm breites und 45—50 cm langes, flachliegendes Brett angeschraubt, in welches ein Loch für eine hölzerne herausziehbare Stiftdolle gebohrt ist. Riemen und Dolle können also sehr schnell aus dem Lager gehoben werden.

Indessen ist bei den letztbeschriebenen drei Riemen- und Dollenarten ein Flachlegen der Riemen bei Gegenwind unmöglich.

Bootshaken macht man für Beiboote nur so lang, daß man mit ihnen leicht an- und ablegen kann, und versieht sie nicht mit scharfer Spitze und scharfem Haken, sondern mit Kugelspitze und ebenso gestaltetem zweiseitigen Haken, in der Regel aus Messing, um Rosten zu vermeiden.

Als Hilfsbesegelung für Beiboote, namentlich der kleineren, wählt man solche einfachster Form und Takelung.

Das allereinfachste ist das baumlose Sprietsegel, das fest am Mast angeschlagen ist, welcher keinen Topp über dem Vorliek zu haben braucht. Macht man das Spriet noch aushebbar, so ist die Länge der beiden einzigen Spieren eine so geringe, daß sie mit dem darüber aufgerollten Segel selbst im kleinsten Dinghy verstaut werden können. Versieht man dagegen das Segel mit einem Geitau, so kann man mit diesem im Augenblick das Tuch am Mast beizeisen, der dann allerdings durch das auf- und niederstehende Spriet entsprechend verlängert wird.

Ein anderes Segel, welches nur Steckmast erfordert, ist das Luggersegel mit oder ohne Baum, und es ist wohl das gebräuchlichste Beibootsegel, wenngleich es die unangenehme Eigenschaft hat, daß ein kleines Boot unter ihm vorm Wind leicht rollt, wenn zu viel Tuch gefahren wird.

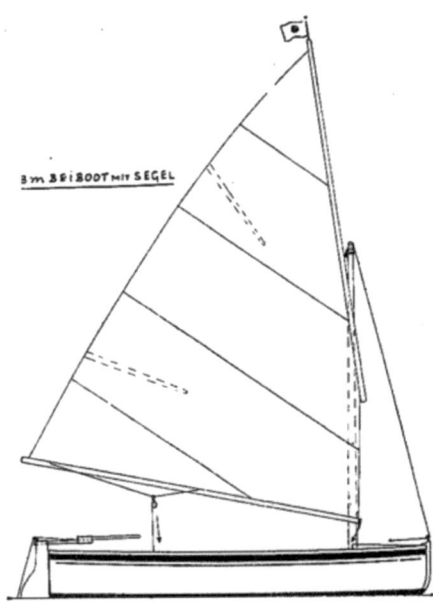

Beiboot mit großem Luggersegel.

Ihrer Einfachheit halber eignet sich zwar auch die Hochtakelung für Beiboote, aber ihr hoher Mast läßt sich schlecht verstauen. Nur bei zweimastiger Hochtakelung wie bei der in nebenstehender Abbildung dargestellten Kommandantengig der ehemaligen gedeckten Korvette „Prinz Adalbert" läßt sich die Takelage auch im Boot selbst verstauen. Es ist nicht uninteressant, daß diese schon 1878 erbaute und von dem der jüngeren Seglergeneration kaum dem Namen nach bekannten deutschen Jachtkonstrukteur Saefkow entworfene Gig schon Peitschenmasten mit heißbaren Spitzsegeln hatte, und wiederum ein Beispiel dafür, daß zwar nicht alles, aber sehr vieles schon im Segelsport dagewesen und — wieder vergessen worden ist.

In Abschnitt XI sind weitere Formen von Beibootsegeln abgebildet, wie sich denn je nach Verwendungszweck des Beibootes jede andere Boots-Sportbesegelung zur Ausrüstung eignet.

Die größeren Schiffsbeiboote und die der Marine sind durchweg zweimastig Lugger mit oder ohne Vorsegel getakelt; nur Gigs haben zweimastige Huari-Takelung mit Vorsegel, und Jollen sowie die Walfischboote der Torpedoboote führen einmastige Huari-Takelung, ebenfalls mit Vorsegel.

In fremden Marinen findet man auf Schiffsbeibooten dagegen noch Lugger-Yawl (russische) Takelage mit Toppsegel; ferner Bermuda-Schuner-Besegelung mit baumlosen Gaffelsegeln an schrägstehenden Masten, sodann die Mittelmeer-Trabakel-Besegelungen mit niedrigen, breiten Raasegeln und die dreieckigen Lateinsegel an einem bis zu drei Masten.

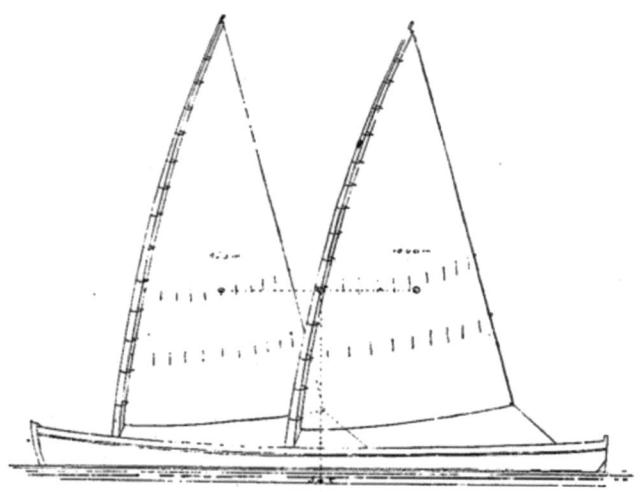

Kriegsschiff-Gig mit zweimastiger Hochtakelung.

Variationen der einen oder anderen dieser fremden Besegelungen kommen einem zuweilen auch bei uns, in mehr oder weniger zweckmäßiger Anordnung, zu Gesicht.

Soll das Beiboot auch kreuzen, so wird meistens ein **Steckschwert** angewendet, weil ein solches nur einen kleinen Schwertkasten erforderlich macht, der zudem gewöhnlich noch gänzlich oder zum größten Teil unter einer Querducht angeordnet werden kann. Aber auch ein Senkschwert darf im Beiboot nur wenig Platz beanspruchen, und es ist wohl immer vorteilhafter, etwas von den Segeleigenschaften zu opfern, als ein kleines Dinghy zum vollwertigen Segelboot machen zu wollen und dazu den besten Platz mit einem großen Schwertkasten zu verbauen.

Im Abschnitt XI findet der Leser weitere Beispiele für zweckentsprechenden Einbau von Schwertern in kleinen und größeren Beibooten.

Mit **Ruder** werden kleine und nur einrudrige Beiboote im allgemeinen nicht ausgerüstet. Nur mehrrudrige Jollen und Gigs sind stets mit einem solchen ausgerüstet, welches mittels Joch und Leinen gehandhabt wird. Ist aber das betreffende Beiboot auch zum Segeln eingerichtet, dann wird auch das Joch nur abnehmbar aufgesteckt, und an seine Stelle kann beim Segeln eine Pinne treten, die ebenfalls abnehmbar angeordnet sein muß.

Ist aber das Beiboot auch mit Schwert versehen, dann bekommt es ein tieferreichendes Ruder oder ein solches mit Senkplatte wie eine Segeljolle.

Mit Ballast werden Beiboote gemeinhin gar nicht oder doch nur in loser Art versehen. Am geeignetsten ist schwimmbarer Ballast in Gestalt von teilweise, bis etwa zu dreiviertel Inhalt gefüllten Wasserfässern oder sonstigen Behältern, der von selbst aufschwimmt, wenn das Boot vollgeschlagen oder gekentert ist.

Unsinkbarkeit eines Beibootes wird entweder durch Einbau von entsprechend großen Blechluftkästen unter den Querduchten, oder, wenn etwa nur eine solche vorhanden ist, durch eine Wieling erzielt, d. h. durch einen mit Korkspänen oder Kapok gefüllten Polstergürtel, der unter der Scheuerleiste außen auf der obersten Planke angenagelt oder, was empfehlenswerter ist, mit einer kreuzweise darüber geschorenen Leine angereiht ist. Auf jeden Fall aber müssen Luftkästen und Wieling so groß bemessen sein, daß durch sie Boot samt zulässiger größter Belastung im vollgeschlagenen Zustand schwimmend erhalten bleiben. Als weiteres Rettungsgerät bildet man auch Sitzpolster auf den Duchten durch wasserdichten Überzug und Füllung mit Kork, Renntierhaaren oder Kapok zu Schwimmkissen aus.

Mit Luft aufgeblasene Schläuche oder Kissen aus Gummi oder gummierten Stoffen sind dagegen weniger zuverlässig, da ein Loch von Stecknadelstärke oder ein kleiner Riß genügt, die Luft entweichen zu lassen und die Tragkraft im Wasser größtenteils oder gänzlich aufzuheben. Solchen geringen Beschädigungen sind aber luftgefüllte Stoffbehälter im Bootsgebrauch leicht und häufig ausgesetzt.

Besonders reichlich müssen Beiboote aller Arten und Größen mit Fendern ausgerüstet sein. Und zwar vor allen Dingen mit Seitenfendern, die mit möglichst weichen Stoffen (Kapok) gefüllt sind und deren Hülle ebenso weich, dabei aber noch möglichst haltbar sein muß. Persenningtuch, Rindleder und Wildleder sind die geeignetsten Überzugstoffe. Ersteres ist aber der schnellen Fäulnis ausgesetzt, wenn es oft naß wird, und Leder wird im gleichen Falle hart und brüchig; Wildleder aber weniger schnell als Rindleder.

Über die geeignetste Form von Seitenfendern sind sich die Gelehrten noch uneinig und werden es wohl auch ewig bleiben. Man hat flachrunde Kuchenfender, ferner Kugelfender und Sackfender. Letztere wurstartig lang vom Schandeckel bis zur Wasserlinie reichend, erfüllen jedenfalls, wenn in genügender Anzahl vorhanden, in den allermeisten Fällen ihren Zweck; sie sehen aber nicht nach jedermanns Geschmack aus, wenn sie versehentlich in einem oder mehreren Exemplaren bei der Fahrt über Bord hängen, was aber bei seemännischem Sportbetrieb überhaupt nicht vorkommen darf.

Geflochtene Kokos- oder Taufender sind bei Beibooten ihrer Härte wegen nicht angebracht. Höchstens Bug- und Heckfender, auch Maulkörbe genannt, macht man aus diesem Material, weil sie ohnedies nur scharfe Kanten abzuwehren haben, deren Berührung mit der Jacht sowieso peinlich vermieden werden muß. Besser ist es dagegen, wenn man Steven und Spiegel auch polstern oder schützen will, ringsherum um das Beiboot ein starkes Tau (Gürtelfender) anzubringen, aber beileibe kein geteertes und auch keins von Hanf oder Manila, sondern am besten von geklöppelter Baumwolle, weil ein solches am weichsten ist, auch wenn es naß geworden ist.

Einen guten Gürtelfender gibt auch die schon erwähnte Wieling ab, die dann zwei Zwecken dienstbar gemacht ist.

Einen gewissen seitlichen Fenderschutz gewähren auch Greifleinen oder Taue, die bogenförmig etwa bis zur halben Freibordhöhe rings um das Beiboot aufgehängt werden. Ihr eigentlicher Zweck aber ist, ins Wasser gefallenen Personen an hochbordigen Booten einen Halt zu bieten, weshalb man solche Leinen gewöhnlich nur an Rettungsbooten angebracht findet.

An weiteren Leinen sind Beiboote aller Art dagegen mit einer starken Fangleine von gewöhnlich der dreifachen Bootslänge und größere Arbeits- und Lastboote mit einer Heckleine und einem Paar Seitenleinen auszurüsten.

Jacht-Beiboote bekommen keinen Namen angemalt, sondern sie tragen zu beiden Seiten ein rundes Bugschild aus Holz mit geschnitztem und vergoldetem Taustropp darum, welcher den farbig angelegten Klubstander umrahmt. Motorbeiboote führen solche Bugschilder auch messing-vergoldet mit Emaillestander und Klubinitialen oder sonstiger eleganter Ausführung.

Zur leichten und gründlichen Reinigung, und um Regen- oder Spritzwasser selbsttätig wieder außenbords zu befördern, versieht man Decks- und Seitenboote mit verschraubbaren Bodenventilen, die auch für Anhangboote mit geschlossenem Schandeckel empfehlenswert sind. Es darf nur nicht vergessen werden, sie zu schließen, bevor das Boot wieder zu Wasser kommt, denn wenn das Beiboot auf dem Trockenen steht oder hängt, sollten sie, um ihren Zweck erfüllen zu können, stets geöffnet sein.

Als Gegenstück dazu gehört zu jedem Beiboot eine den Innenraum desselben vollständig deckende Persenning, denn selbst bei Anhangbooten tritt bei Fahrten in längerem Regenwetter der Fall ein, daß man das Boot vor Übernahme von allzuviel Wasser schützen muß.

Motorbeiboote rüstet man dagegen häufig mit einem Klappverdeck aus, das als solches auch den Insassen bei schlechtem Wetter Schutz gewährt. Ob man es bei solcher Gelegenheit auch auf dem an Deck stehenden Beiboot aufrichten kann, hängt von der Größe der Jacht, zu welcher es gehört, und vom guten Geschmack des Eigners ab. Ich habe einmal bei einem solchen Fall einer Dame Auskunft geben sollen, seit wann der betreffende Eigner verheiratet sei, weil er einen —— Kinderwagen an Bord mitführe.

Daß Beiboote nicht nur in Form und Größe mindestens einigermaßen zu ihrer Jacht passen müssen, ist schon gesagt worden. Ebenso selbstverständlich ist es, daß sie in Farbe und Anstrich ihr ähnlich sind. Eine Jacht mit Mahagoni-Beplankung muß daher auch ein Mahagoni-Beiboot haben, und für eine farbig lackierte Jacht soll auch das Beiboot gleichfarbig gestrichen sein. Nur bei den größten, dunkel gemalten, seegehenden Dampfjachten werden die Beiboote zuweilen andersfarbig gemalt; in der Regel weiß, die Eignergig aber dunkelblau mit Goldstreifen und weißem

Größeres offenes Motorbeiboot.

Boden, oder sie bleiben einfach naturlackiert, wenn sie aus edlen Hölzern, wie Mahagoni oder Zeder, erbaut sind.

Flaggen und Stander werden auf Jachtbeibooten nicht gesetzt, auch unter Segel nicht. An Stelle des Standers führen sie sowieso schon das erwähnte Bugschild.

Nur Kriegsschiff-Beiboote führen eine Heckflagge, wenn ein Offizier im Boot ist oder bei besonderen Gelegenheiten. Im Bug führen sie aber auch nur dann eine Flagge, und zwar das Kommandozeichen der Flaggoffiziere, wie Flottillen-, Divisions- und Kommodorestander und die verschiedenen Admiralsflaggen, wenn einer dieser Offiziere sich im Boot befindet.

Analog diesem Gebrauch kann also der Eigner einer größeren Jacht, die ein oder mehrere von bezahlter Mannschaft geruderte Beiboote oder auch ein größeres Motorbeiboot besitzt, seine Landesflagge im Heck setzen lassen, wenn er das Boot besteigt. In fremdländischen Häfen wird dieser Kriegsschiffgebrauch wohl auch in Jachtbeibooten angewendet.

Ebenso könnte auch der Kommodore eines großen Jachtklubs den Kommodorestander im Bug des von ihm benutzten Beibootes führen, vorausgesetzt, daß er in seiner Eigenschaft als Kommodore auftritt. Ich habe aber weder im Inland noch im Ausland, auch in Kriegshäfen nicht, jemals ein dieser Art gekennzeichnetes Jachtbeiboot gesehen.

VIII. Bootsaussetzvorrichtungen und Decksausrüstung.

Kleinere Jachten haben an Deck selten Raum zum Aufstellen eines Beibootes und daher auch keine Ausrüstung dazu. Höchstens besitzen die modernen sehr langen Schärenkreuzer bei ihrem kurzen Großbaum auf dem Hinterschiff soviel Decksraum, daß sie frei von der Großschotführung ein kleines Beiboot auf dem Heck mitführen können. Aber auch sie haben keinerlei Ausrüstungs-

Motorjacht mit Beiboot kieloben auf dem Kajütdach.

teile, um Beiboote aus- oder einsetzen zu können, vom Spinnakerbaum und seinem Gut abgesehen, der damit ja auch nur einen Nebenzweck erfüllt.

Motorjachten auch kleinerer Hauptabmessungen haben dagegen meistens auf dem Kajütdach Raum genug zur Verfügung, um dort ein Beiboot aufstellen zu können, was in der Regel in festen oder klappbaren Bootsklampen geschieht, die nach der Spantform ausgeschnitten und auf ihrer Tragkante gepolstert sind. Für leichte Boote genügen zwei derartige Klampen, schwerere werden in der Regel aber auf drei Klampen gestellt.

Für Fahrten auf wenig bewegten Binnengewässern genügt dann auch eine derartige Lagerung bzw. Aufstellung von Beibooten ohne weitere Befestigung auf Segel- oder Motorjachten. Auf See müssen sie aber an den Klampen oder an Deck mit „Zurrings" gesichert werden, das sind Spanntaue, die das Boot mit einem flachen Haken am Schandeckel durch mehrfaches Scheren über Augbolzen an Deck oder Klampe festhalten.

Das leichte Beiboot wird gewöhnlich nur freihändig aus- oder eingesetzt.

Überschreitet es dagegen ein gewisses Gewicht, so sind auch Heißvorrichtungen dafür notwendig.

Auf Segeljachten ist dies gewöhnlich der Spinnakerbaum, der für diesen Fall aber zum mindesten mit Toppnant, Vor- und Achterholer zugetakelt sein muß. Fährt die Jacht den Spinnakerbaum aber nur lose, also mit einfacher Klau, ohne Heißtau an der Nock, so kann man ein anderes, mehrscheibig geschorenes Fall, etwa das Fock- oder Klaufall, als Spinnaker-Toppnant anstecken und dazu zwei einfache Leinen als Vor- und Achterholer scheren, um das Beiboot hochzuheißen und frei aus- oder einschwingen zu lassen. Aber häufig erweist sich der Spinnakerbaum für solche Beanspruchung als zu schwach. Es bleibt dann nichts weiter übrig, als einen besonderen, abnehmbaren Ladebaum anzuschaffen und zweckentsprechend zu takeln.

Dazu gehört dann ein Gelenkbeschlag (Schwanenhals) mit Lager am Mast, eine entsprechend mehrscheibig geschorene Talje (Klaufall) als Toppnant, um den Baum auf die erforderliche Höhe fieren oder heißen zu können, sowie Vor- und Achterholer zum Aus- oder Einschwingen des Beibootes.

Für das Beiboot selbst muß dann noch ein Heißstrop aus Drahttau mit eingespließtem Auge oben in der Mitte und Augen an beiden Enden zum Anschäkeln an den Heißbolzen, die gewöhnlich am Kiel oder innen an Vorsteven und Spiegel des Bootes befestigt sind, vorhanden sein.

Hochbordige Jachten und solche mit hohen Decksaufbauten können außerdem aber noch am Ladebaum eine besondere Heißtalje für das Beiboot anschäkeln, um an Heißhöhe des Ladebaumes zu sparen, der in diesem Falle kürzer sein kann und überhaupt nicht viel länger zu sein braucht, als die halbe Breite der Jacht und des Beibootes zusammen. Im allgemeinen kommen Jachten mit dieser Ausrüstung für Decksboote aus.

Für die Mitführung von Seitenbooten sind dagegen feste oder abnehmbare, in beiden Fällen aber drehbare Bootsdavits erforderlich. Bootsdavits sind einfache, oben gekrümmte und etwas mehr als halbe Beibootsbreite ausladende Säulenkrane, welche innenbords in Buchsen- oder außen an der Bordwand in Bolzenlagern stehen. Oben sind sie mit eingelagerter Scheibe oder Haken zum Anschäkeln von Blöcken und seitlich mit Klampen versehen, zum Einscheren bzw. Belegen der Heißtaue.

Zum **Aufheißen** des zugehörigen Beibootes wird der Davit, welcher aus einem Paar besteht, ausgeschwungen, d. h. mit seinem gekrümmten Oberende nach außenbords gerichtet. Nachdem die Heißtaljen am Beiboot eingehakt sind, wird dasselbe bis über die Reling vorgeheißt und mit der holenden Part in dieser Höhe an der Klampe des Davits belegt.

Im Hafen und bei der Fahrt im glatten Wasser können die Beiboote **ausgeschwungen** hängen bleiben.

Auf See und in engen Fahrwassern müssen sie jedoch **eingeschwungen** werden. Dies geschieht durch Einschwenken des hinteren Davits binnenbords, wobei der Spiegel des Beibootes frei vom Davit schwingt, da dieser dementsprechend weiter vorn aufgestellt ist. Auf gleiche Weise wird sodann auch der vordere Teil des Beibootes eingeschwungen, worauf nichts mehr von der Einrichtung über die Bordwand hinausragt.

Nach seemännischem Brauch wird dagegen beim zu **Wasser fieren** des Beibootes der Bug zuerst und sodann der Stern ausgeschwungen.

Heißen und Fieren muß mit beiden Taljen gleichmäßig geschehen, so daß das Beiboot auf ebenem Kiel aus- bzw. ins Wasser kommt. Bei Seegang fiert man aber mehr Sterntalje als Bugtalje, um ein Schöpfen des Bootes zu verhüten, und heißt etwas schneller Bug- als Sterntalje, um das Boot sicherer aus dem Wasser zu bekommen.

Ein einzelner Mann, der ein Beiboot aus den Davits zu Wasser fiert, verfährt analog, d. h. er fiert zunächst den Stern und dann den Bug des Bootes weg; heißt aber umgekehrt zuerst Bug und darauf Stern, beides, damit das Boot durch etwaige Dampferwellen nicht gefährdet werden kann.

Liegt die Jacht während des Manövers aber selbst nicht ruhig und schlingert sogar, dann sind meist alle „Hände" nötig, um das Beiboot von der Bordwand frei zu halten und entsprechend langsamer oder schneller zu fieren oder zu heißen.

Auf stark bemannten Kriegsschiffen und wohl auch großen Dampfjachten werden die Seitenboote nicht auf der Stelle vorgeheißt, sondern die Mannschaft läuft mit der holenden Part längs Deck, so daß das Boot „fliegend" unter die Davits fährt, bis der dort das Kommando führende Bootsmann abpfeift. Ein schneidiges Bootsmanöver zeugt eben auch von Seemannschaft.

Zum „seefest" Zurren der eingeschwungenen Seitenboote werden an den Davits „Zurrbäume" beigegeißt. Es sind dies flache, plankenartige Spieren von entsprechender Stärke, deren Mittelteil, an welchem das Boot anliegt, mit zwei dicken Lederpolstern benagelt ist. An diese Polster wird das Boot mittels „Zurrbrooken", die vom Davitkopf um das Boot bis zur Belegklampe des anderen Davits über Kreuz geführt werden, fest angepreßt. Als Zurrbrooken verwendet man breite Gurten oder aus weichem Tauwerk geflochtene Bänder.

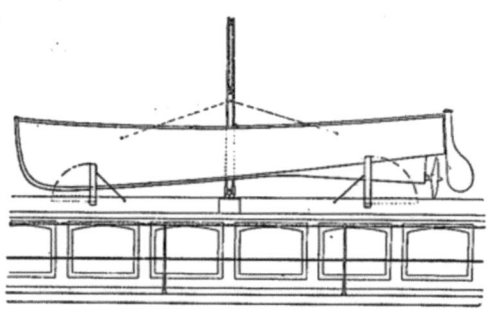

Motorbeiboot unter Davit in Klampen stehend.

Besonders schwere Beiboote und namentlich Motorbeiboote läßt man jedoch nicht dauernd einfach auf die beschriebene Art und Weise in Davits hängen, sondern man setzt sie außerdem noch auf Klampen, um ein Durchbiegen des Kiels oder der Schraubenwelle zu verhüten.

Eine neuere Davit-Konstruktion ist der Quadrant-Davit, der sich besonders für Beiboote eignet, die auf dem Kajütdach von Dampf- oder größeren Motorjachten aufgestellt werden sollen. Der Quadrant-Davit ist kein Dreh- sondern ein ein- oder zweiarmiger Kipp-Davit, welcher das an ihm aufgehängte Beiboot, auch bei bewegter See, durch seine weite Ausladung von der Bordwand frei ins Wasser setzt oder heraushebt.

In der nebenstehenden Abbildung ist ein einarmiger Melin-Quadrant-Jachtdavit

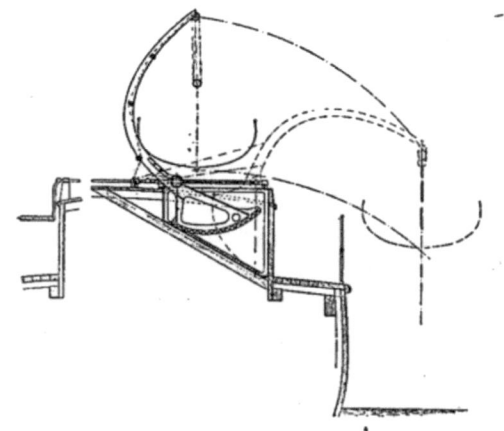

Einarmiger Quadrant-Davit auf einer Motorjacht.

für ein Motorbeiboot dargestellt. Es steht, wie üblich, in Klappklampen auf dem Kajütdach, und der Davit ist mit seinem Quadrantfuß zwischen zwei Schottwänden eingebaut, so daß sein Mechanismus von außen nicht zu sehen ist. Der Einbau kann aber auch einfach zwischen zwei Kajütschränken oder hinter einer einfachen Wand geschehen und durch einen flachen Schutzkasten von innen verdeckt werden.

Heißen und Fieren des Beibootes geschieht auf die übliche Art durch Taljen. Aus- und Einschwingen erfolgt jedoch durch Kippen des Davits und der Antrieb dazu durch eine Spindel mit Handkurbel. Die Achse des Davits gleitet dabei auf einer Schiene nach außen oder innen, und ein Stirnradquadrant am Fuß wandert gleichzeitig auf einer schräg liegenden Zahnschiene mit. Durch beides wird eine leichte und unbedingt sichere Führung und Bedienung des Davits gewährleistet, und das Beiboot selbst braucht nur sehr mäßig hoch vorgehießt oder gefiert zu werden. —

Für das Aufstellen von Decksbeibooten und das Aufhängen von Seitenbooten sind als Hauptgesichtspunkte zu berücksichtigen: Gute Unterstützung, als Schutz gegen das Begeben durch das eigene Gewicht, möglichster Schutz gegen Seeschlag und die Möglichkeit schnellen und sicheren Zuwasserbringens und wieder Vorheißens auch bei bewegtem Wasser und auf stark überliegender Jacht. Diese Möglichkeiten finden natürlich um so schneller eine Grenze, je kleiner die Jacht ist.

Zum Schutz gegen Regen und Sonnenbrand müssen Decks- und Seitenboote mit Persenningen bezogen werden, selbst wenn letztere kieloben gelagert werden sollten, was in der Regel bei

Großes Motorbeiboot einer Dampfjacht beim Zuwasserlassen.

Dinghies der Fall zu sein pflegt, für die keine Bootsklampen vorhanden sind.

Die Bootspersenning wird ringsherum und in der Mitte der Länge nach (außen) eingeliekt und ringsherum mit eingestanzten Kauschen für eine Reihleine versehen. Die Reihleine wird an einem unterhalb der obersten Planke um das Boot gezogenen Strecktau (am besten von Stahldraht) angereiht, und das aus zwei Enden bestehende Strecktau wird am Vorsteven mit Karabinerhaken, am Spiegel aber fest durch eine Leinenzurring verbunden.

Eine dachartige Unterstützung des „Bootsbezuges" erzielt man durch einen „Streckbaum", d. h. eine runde Spiere, die von Steven zu Steven reicht, und die von Dollbaum zu Dollbaum durch drei bis vier hochkantliegende Querleisten von $\triangle$ Form abgestützt wird. Erforderlichenfalls kann man diese noch durch senkrechte Streben absteifen und dann alles durch festes Anziehen der Reihleine steif setzen, so daß weder Wind noch Regenmengen diesem Dach etwas anhaben können.

Endlich gehört zur Ausrüstung der größeren Jacht die Fallreepstreppe. Bei kleinen Jachten besteht sie aus einer einfachen drei- bis vierstufigen Treppe, die mit flachen Haken an der Reling ausgehängt wird und deren Seitenteile der Spantform der Jacht neben der Plicht angepaßt sind.

Sehr hochbordige große Segel- und Dampfjachten haben aber eine umfangreichere Fallreepseinrichtung wie große Schiffe. Sie besteht aus dem oberen Fallreepstritt, welcher in der Querrichtung des Schiffes niederklappbar ist. An ihm ist die eigentliche Fallreepstreppe in der Längsrichtung des Schiffes nach hinten niederklappbar angebracht. Sie endet auf dem unteren Fallreepstritt, der wiederum in der Querrichtung hochklappbar ist. Treppe und Tritt haben eine umlegbare Taureling. Tritte und Treppe werden mit „Fallreeps" heruntergeklappt, daher der Name der Treppe. Die ganze Einrichtung wird auf See ab- und an Deck genommen, damit sie nicht weggeschlagen werden kann, und im Hafen werden für jede Wache zur Bedienung besondere Fallreepsgasten kommandiert, wie denn auch bei den Kriegsschiffen der Fallreepsgruß je nach Rang des das Schiff Besteigenden oder Verlassenden bestimmt ist.

IX. Bauausführung von Beibooten.

Beim Bau von Beibooten werden fast alle für Gebrauchs-Ruderboote gewöhnliche Bauausführungen angewendet. Die gebräuchlichste ist aber doch wohl der **Klinkerbau**, und zwar sowohl für Dinghies, als auch für Jollen, Kutter und Gigs.

Billige, kleine Boote werden aber auch in **Scharpie-**, **Schipjack-** und **Knickspantbauart** hergestellt, und als Material kommt neben den verschiedensten Holzarten auch Eisen-, Stahl- oder Aluminiumblech zur Verwendung.

Für Beiboote, die dauernd im Gebrauch sind, eignet sich seiner Leichtigkeit und Festigkeit wegen der Klinkerbau. Er läßt jedoch bei Decks- und Seitenbooten, die häufig lange aus dem Wasser genommen sind, an Dichtigkeit zu wünschen übrig.

Man baut daher solche Beiboote **karweel**, besser aber noch **Bandkarweel**, und Arbeits- oder Rettungsboote für starke Beanspruchung **diagonal**, **doppelt diagonal** oder **diagonalkarweel**.

Es wird vorausgesetzt, daß dem Leser alle diese Bauarten bekannt sind. Im übrigen sind im Abschnitt XI fast alle gebräuchlichen Bauarten zeichnerisch dargestellt, so daß sich eine besondere Beschreibung erübrigt.

Erwähnt seien dagegen noch einige weniger bekannte Bauarten, die besonders oder ausschließlich für Beiboote angewendet werden.

So baut die Firma Fr. Lürssen in Aumund-Vegesack ihre **Patent-Beiboote** reihenweise in verschiedenen Größen aus schmalen, leichten Karweelplanken, breiten, aber dünnen dichtstehenden eingebogenen Spanten und einer Einlage von Segeltuch. Diese Boote zeichnen sich daher durch überraschende Leichtigkeit, Festigkeit und absolutes Dichthalten aus.

Die Firma R. Holtz in Harburg baut verzinkte **eiserne** bzw. **stählerne Beiboote**, vornehmlich als Rettungsboote, welche mit Längsspanten aus eingerolltem Stahldraht versehen sind, wodurch eine leichte, elastische und leicht reparierbare Außenhaut erzielt und den beliebig gestrichenen Booten das Aussehen karweel gebauter Holzboote verliehen wird. Die Schwimmfähigkeit der Boote wird durch Luftkästen unter dem Fußboden und mit Korkspänen gestopfte Gürtelfender gewährleistet.

Faltboote, die von verschiedenen in- und ausländischen Firmen hergestellt werden, besitzen eine Außenhaut von imprägniertem Segeltuch oder gummiertem Stoff und sind nach Herausnahme der hölzernen oder metallenen Verspreizungen zusammenlegbar, oder sie können samt den Verstrebungen zusammengeklappt werden.

Größere Faltboote werden auch mit Blechboden, der zugleich Luftkästen enthält, hergestellt, auf welchem die aus Segeltuch angefertigten Bordwände aufgerichtet werden können. Diese ausschließlich Rettungszwecken dienenden Beiboote sind außerdem ineinandersetzbar und sie beanspruchen daher wenig Decksraum.

Endlich stellen die Ballonhüllen-Gesellschaft m. b. H. in Berlin-Tempelhof und die Deutsche Floßbootwerft in Lübben noch sogenannte Floß- oder Schlauchboote in Beibootgrößen her und schreiben darüber selbst folgendes:

Schlauch-Beiboot unter Segel.

„Floßboote bestehen aus einem länglichen, luftdichten Ringschlauch mit einem darübergezogenen Mantel aus Segeltuch, an welchem innerhalb des Schlauchringes auf halber Höhe des Schlauchdurchmessers ein jalousieartig konstruierter Boden angenäht ist. Die Vorteile eines solchen Bootes gegenüber einem normalen Boot bestehen in seinem geringen Gewicht, der Zusammenlegbarkeit und der sich daraus ergebenden bequemen Transportierbarkeit und Verstaubarkeit. So läßt sich z. B. ein Floßboot für 2—4 Personen noch bequem im Rucksack verpacken.

Die Schlauchboote besitzen ferner große Stabilität — im belasteten Zustande sind sie fast unkenterbar — und sind unempfindlich gegen Stöße an Schiffswandungen usw., da sie sehr elastisch sind, ferner haben sie die Fähigkeit, außer den im Boot sitzenden Menschen noch andere, außen am Boot sich haltende zu tragen, ohne Gefahr des Kenterns für das Boot.

Zum Aufblasen der kleinen Boote dienen einfache Handblasebälge.

Normale Rettungsboote dieser Art sind auf ihrer Ober- und Unterseite symmetrisch gebaut, so daß es gleichgültig ist, welche Seite des Bootes beim Hineinwerfen in das Wasser auf dem Wasser schwimmt.

Die Befestigung des Bodens am Schlauchmantel wird durch mehrfache tangential beanspruchte Nähte derart verstärkt, daß die gesamte normale Belastung des Bootes von dem Boden allein, ohne jede Gefahr des Abreißens, getragen werden kann.

Um das Durchsacken des Bodens bei längeren Booten zu verhindern, wird auf halber Länge des Bootes ein Querschlauch vorgesehen, der gleichzeitig als Ruderbank dient. Dieser Querschlauch, der etwa die Dicke eines Ringschlauches hat, verhindert wirksam die Verdrehung der Längsteile des Ringschlauches und damit das Niedersinken des belasteten Bodens.

Eine neue Konstruktion ist das Schlauchboot mit hochgezogenen Enden. Der Ringschlauch am vorderen und hinteren Ende des Bootes ist so weit gehoben, daß er mit dem erhöht liegenden Boden ungefähr abschneidet. Dadurch wird einerseits der Wasserwiderstand erheblich geringer, anderseits können die Wellen nicht so leicht überkommen. Solche Boote können auch mit Segel und einem Steckschwert versehen werden. Ein solches Boot läßt sich in einem Rucksack und einem länglichen Paket für die Rundhölzer und Bretter verpacken."

Neuerdings stellt auch die Bayerische Faltboot-Werft in München zerlegbare Faltbeiboote und Schlauchbeiboote her. Letztere in den drei besonders gangbaren Größen:

```
Type 1a   Länge 2,10 m,   Breite 1,10 m
 „   2     „    2,75 m,     „    1,40 m
 „   3     „    3,50 m,     „    1,40 m
```

Undicht dürfen Schlauch oder Ventil selbstverständlich nicht werden, sonst ist das Floßboot, wie alle mit Luft aufgeblasenen ähnlichen Rettungsgeräte untauglich. Nach den Unfall-Verhütungsvorschriften der See-Berufsgenossenschaft sind übrigens luftaufgeblasene Rettungsgeräte als solche nicht zulässig. Wohl aber ist das kleine Floß- oder Schlauchboot geeignet, manchem Besitzer einer kleinen Jacht die Beibootfrage zweckentsprechend lösen zu helfen.

X. Abmessungen, Rauminhalt und Gewichte von normalen Beibooten.

Für Jachtbeiboote bestehen keinerlei gesetzliche Vorschriften hinsichtlich Anzahl, Rauminhalt, Abmessungen, Sicherheit und Ausrüstung, wie solche für Handelsschiffe außerdem die See-Berufsgenossenschaft und der Germanische Lloyd erlassen haben.

Als Grundbedingung, die indessen auch für seegehende Jachten gelten sollte, sei aber die angeführt, daß jedes Schiff wenigstens ein seetüchtiges und genügend starkes Boot haben muß, um damit den Wurfanker ausbringen zu können.

Eine weitere Forderung des Germanischen Lloyd lautet, daß der Rauminhalt eines oder der Boote zusammengenommen genügend sein muß, um die ganze Besatzung, unter Anrechnung von 0,285 cbm Bootsraum für jede erwachsene Person, aufnehmen zu können.

Der Rauminhalt eines Bootes kann annähernd durch Multiplikation des Produktes aus seiner Länge über Alles, größten Breite und inneren Mittschiffstiefe mit 0,6 ermittelt werden.

Diese Richtlinien können im Allgemeinen auch für Jachtbeiboote übernommen werden, und sie lassen sich ergänzen, wenn man aus nachstehenden Tabellen der Maße und Gewichte von Booten der Handelsschiffe Vergleichswerte heranzieht.

Auszugsweise seien daher hier folgende wiedergegeben:

1. Hölzerne Rettungsboote in Klinkerbauart mit Luftkästen aus Kupferblech, seitlich unter den Duchten ohne Gürtelfender.

Jollen und Schaluppen					Gigs				
Länge m	Breite m	Raumtiefe m	Rauminhalt cbm	Personen	Länge m	Breite m	Raumtiefe m	Rauminhalt cbm	Personen
5,80	1,75	0,75	4,5	15	7,30	1,50	0,65	4,3	15
5,50	1,70	0,70	3,9	13	6,70	1,50	0,60	3,6	12
5,20	1,70	0,70	3,7	13	6,10	1,50	0,60	3,2	11
4,90	1,65	0,68	3,3	11	5,50	1,50	0,60	2,9	10
4,30	1,50	0,60	2,3	8					

2. **Francis-Patentboot** (aus gepreßtem Blech) mit kupfernen Luftkästen. In Deutschland hergestellt von O. Kirchoff Nachf. in Stralsund.

Länge m	Breite m	Höhe m	Rauminhalt cbm	Personen
5,50	1,77	0,70	4,00	15
5,00	1,50	0,55	2,50	10
4,25	1,42	0,55	1,90	8
3,83	1,25	0,45	1,30	5

3. **Klappboote** der Engelhardt-Rettungsboot-Gesellschaft in Kopenhagen. Fester Unterteil aus Holz, ganz mit Kork gefüllt.

Länge m	Breite m	Höhe m	Rauminhalt cbm	Personen
2,29	1,06	0,51	0,74	3
2,74	1,22	0,51	1,02	4
3,66	1,45	0,66	2,10	9
4,27	1,65	0,69	2,90	12

4. **Patent-Jachtbeiboote** von Fr. Lürssen in Aumund-Vegesack. Außenhaut Zeder oder Mahagoni, innen Segeltuchbezug.

Länge m	Breite m	Gewicht mit Riemendollen und Ruder kg
2,20	1,50	50
2,40	1,20	60
2,60	1,25	70
2,80	1,25	80
3,00	1,25	90
2,85	1,18	57

In Eiche diagonal-karweel erbaut, fallen diese Beiboote durchschnittlich 10% schwerer aus. Die letzte besonders leichte Größe ist ein Flachboot aus Zedernholz.

5. **Deutsches Torpedoboots-Beiboot.** Spitzgatt diagonal mit seitlichen Luftkästen und Gürtelfender.
Länge 3,84 m, Breite 1,288 m, Seitenhöhe 0,474 m, Gewicht leer 126 kg, Inventar 18 kg, Gesamtgewicht 144 kg, Tragfähigkeit bei mäßigem Seegang 3—4 Personen.

6. Mit Luft aufgeblasene zusammenlegbare Schlauchboote werden von der Ballonhüllen-Gesellschaft m. b. H. in Berlin-Tempelhof und den Deutschen Floßbootwerken in Lübben in folgenden Größen hergestellt:

Länge m	Breite m
2,00 m	1,00 m
2,10 m	1,10 m
2,75 m	1,40 m
3,50 m	1,40 m
3,50 m	1,60 m
4,50 m	1,85 m
5,50 m	1,85 m
5,00 m	2,10 m
5,50 m	2,40 m
6,00 m	3,00 m
7,00 m	3,00 m

7. Motor-Beiboote der Gefraha-Bootswerft, Hamburg.

Bauart klinker mit eingebogenen Spanten:

Länge m	Breite m	Raumtiefe m	Tiefgang m	Personen
2,80	1,20	0,30	0,30	3
3,10	1,30	0,38	0,30	4

Bauart karweel mit eingebogenen Spanten:

Länge m	Breite m	Raumtiefe m	Tiefgang m	Personen
5,00	1,40	0,75	0,50	4
6,00	1,60	0,86	0,50	5

Außerdem fabrizieren noch eine ganze Anzahl anderer deutscher Firmen Ruder- und Motor-Beiboote reihenweise in ähnlichen oder gleichen Normalgrößen, worüber Näheres auf Anfragen mitgeteilt wird.

Die im letzten Abschnitt dieses Buches abgebildeten und besprochenen Risse und Baupläne werden dem Leser die Wahl eines für seine Zwecke passenden Beibootes weiter erleichtern helfen.

XI. Risse, Baupläne und Beschreibungen.

1. Ruder- und Segel-Beiboote.

A. Flachbeiboote.

Prahm-Beiboot.

Nicht „schön" in seinen Linien, aber vortrefflich in seinen Eigenschaften und als billiges Beiboot wird in Amerika der Prahm vielfach verwendet. Er ist äußerst stabil, manövrierfähig und tragfähig, rudert sich leicht vor- wie rückwärts, läßt sich in der vorliegenden Form mit stark aufgeholtem Boden und ausfallendem Spiegel bequem schleppen und ist trotz seiner klobigen Bugform äußerst seetüchtig und dabei trocken wie kaum ein anderes Beiboot. Der vorliegende Riß ist besonders gut gelungen, und es empfiehlt sich, nichts daran zu ändern, da er kaum zu verbessern und von passender Größe für drei Personen ist. Man braucht sich auch nicht zu scheuen, diesen Prahm als Anhänger mit auf die Reise zu nehmen, da er bei schneller Fahrt auf einer anderen Trimmlage schwimmt, in welcher er, auch von der Seite gesehen, nicht übel aussieht. Zum Selbstbau gibt es kaum etwas geeigneteres. Vielfach werden diese Boote auch zum Ineinandersetzen zwei- oder dreiteilig gemacht; doppelte Schottwände gestatten dann das Zusammenschrauben mittels Flügelschrauben.

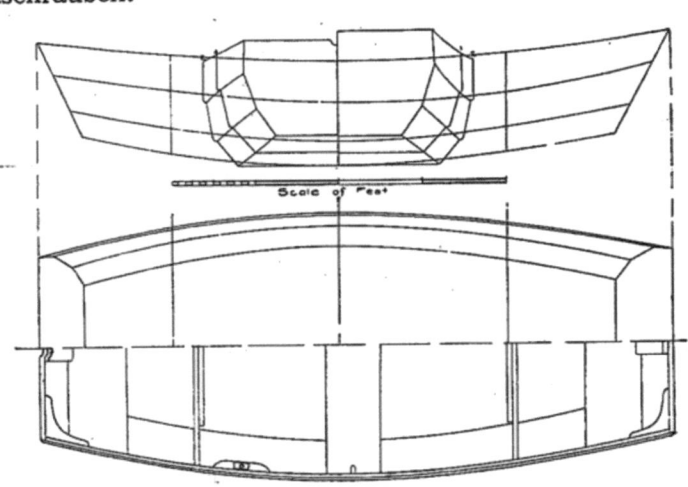

Maßstab 1 : 30.
Länge 2,50 m, gr. Br. 1,05 m, Seitenhöhe 0,42 m.

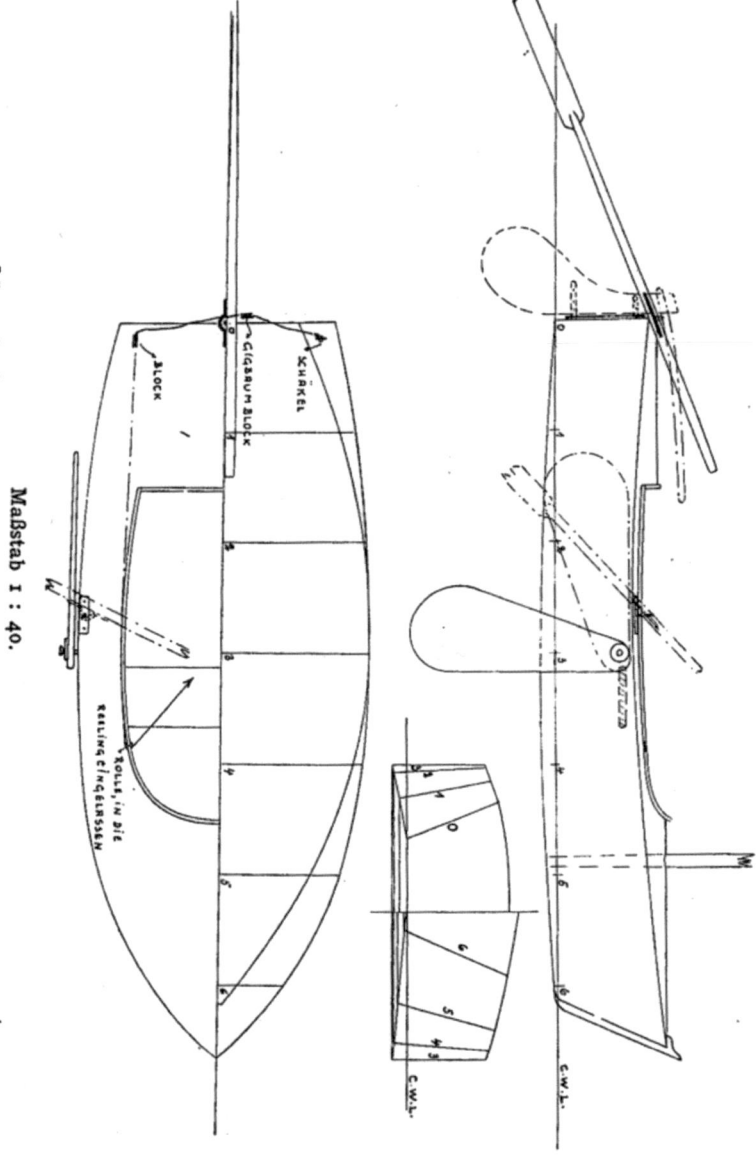

3,90 m-Schlickrutscher.

Maßstab 1 : 40.
Länge ü. A. 3,90 m, gr. Br. 1,58 m, Segelfläche 7,50 qm.

3,90 m-Schlickrutscher.

Als Beiboot reichlich groß und daher hauptsächlich mehr zum Verkehr vom Ufer nach der draußen an der Boje liegenden Jacht geeignet. Das Deck müßte dann aber fortgelassen werden, da es den Raum erheblich einschränkt, so daß das Fassungsvermögen

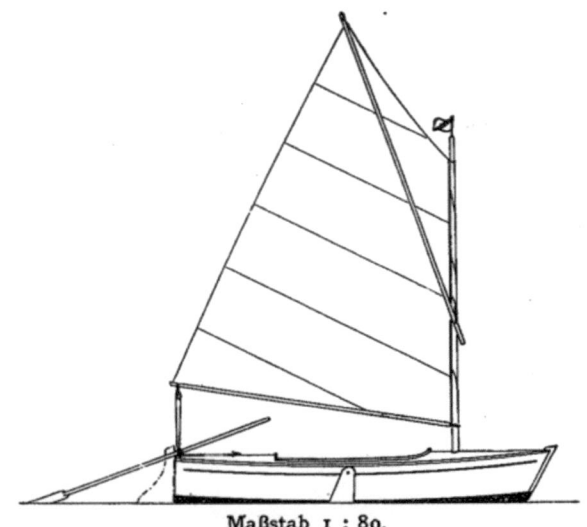

Maßstab 1 : 80.
Länge ü. A. 3,90 m, gr. Br. 1,58 m, Segelfläche 7,50 qm.

nicht ausgenutzt werden kann. Die Risse seien jedoch als gutes Beispiel wiedergegeben für ein Beiboot, das im flachsten Graben landen kann, für tiefes Wasser aber auch zum Segeln mit handigem Sprietsegel und abnehmbaren Seitenschwertern ausgerüstet ist.

Knickspantbeiboot.
Entworfen von Walter Pudewell, Berlin-Schöneberg.

Hauptsächlich als Anhänger gedacht, vereinigt dieses Boot in sich reichliche Stabilität, Tragfähigkeit und Formen, die es auch für rauhes Wasser und zum Schleppen bei gröberem Seegang geeignet machen. Auch seine Manövrierfähigkeit ist mit seinem aufgeholten Boden hinreichend groß. Die nahe der Wasserlinie festgemachte Fangleine fördert das Herausheben des Buges beim schnellen Schleppen auch im Seegang. In der Bauausführung stellt sich dagegen das Boot kaum billiger als Klinkerbau von gleicher Holzart, hat diesem gegenüber aber den Vorzug, weniger Nähte aufzuweisen. Um diesen Vorteil voll auszunutzen, wird es besser über Nahtleisten aufgeplankt, welche der Entwurf nicht vorsieht. Ohne solche muß es verhältnismäßig starke Beplankung bekommen.

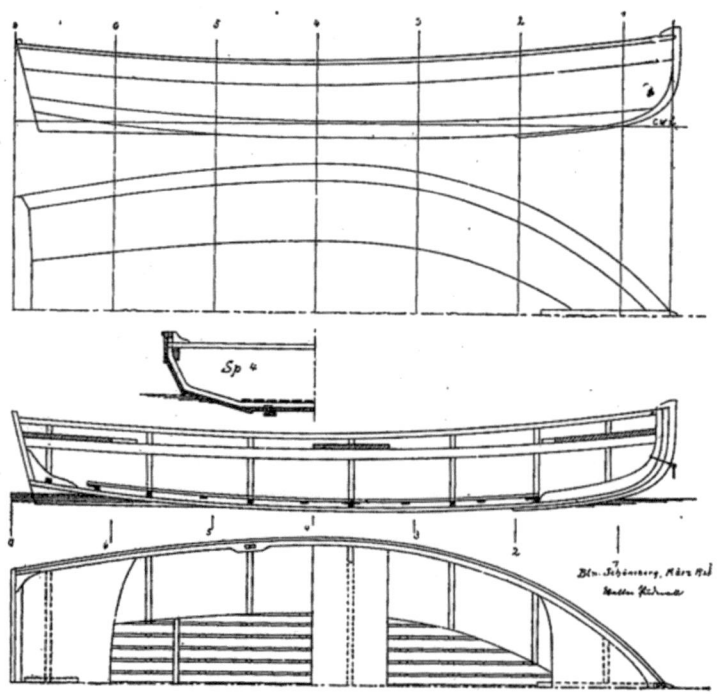

Länge ü. A. 2,63 m, gr. Br. 1,20 m, Freibord ger. 0,25 m.

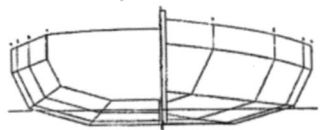

Maßstab 1 : 30.

3,80 m-Dory zum Übersetzen und Anhängen.
Entworfen von C. E. Heymann.

Das Boot hat flachen Boden, aber runde Spanten. Auf dem Wasser erscheint es wie ein auf Kiel gebautes Boot, ist aber erheblich wendiger als ein solches und hält beim Rudern trotzdem mit seiner kurzen Flosse unter dem Spiegel geraden Kurs. Bei seinen schlanken Wasserlinien läßt es sich leicht rudern, ist mit seinem flachen Boden ausreichend stabil und benimmt sich durch seine scharfen Formen, vorn und hinten ausfallenden Vorsteven und Spiegel und reichlichen Sprung, auch in bewegtem Wasser ausgezeichnet. Es ist daher auch als Anhänger gut zu gebrauchen. Das Riemenlager ist erhöht angeordnet, um im Seegang und bei starker Zuladung noch bequem rudern zu können. Die Riemen sind mit festen Gabeldollen versehen, damit sie beim Anlegen samt Dollen aus dem Lager gehoben werden können. Das Boot läßt sich auch mit Einblattpaddel (Handruder) von ein oder zwei Mann rudern und steuern; es kann außerdem mit einem kleinen Sprietsegel ausgerüstet werden. Ein Ruder zum Steuern wird nicht benutzt, damit das Boot auch beim „Streichen" (rückwärtsfahren) nicht in seiner Manövrierfähigkeit beeinträchtigt wird. Für Stromreviere ist es ein bestens geeigneter Typ.

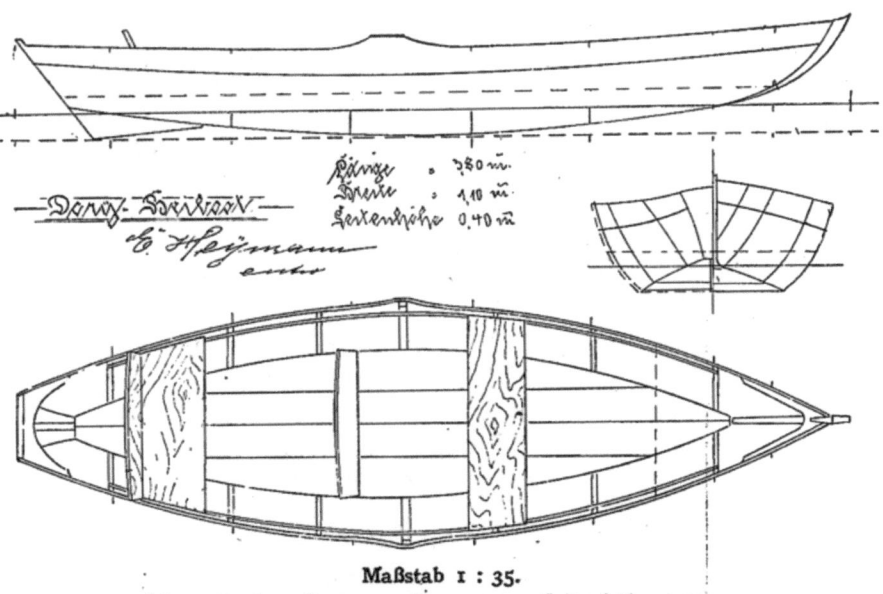

Maßstab 1 : 35.
Länge ü. A. 3,80 m, gr. Br. 1,10 m, Seitenhöhe 0,40 m.

B. Schipjack-Beiboote.

Dreiplankiges Dinghy.
Entworfen von Max Scherz, Ribnitz.

Dieses Bootchen ist nach den Linien moderner Rennjollen entworfen. Unbesetzt ist es etwas rank und gebietet größte Vorsicht beim Aus- und Einsteigen. Als Arbeitsboot ist es daher ungeeignet; dagegen gut als leichter Anhänger zu gebrauchen. Für diesen Verwendungszweck könnte es jedoch mehr Sprung aufweisen. Hinreichend stabil wird es erst bei Besetzung mit mindestens zwei Personen. Das Boot hat keinen Schandeckel, und der Dollbaum liegt auf der Innenkante der Spanten, so daß es kieloben liegend sauber ausgespült werden kann.

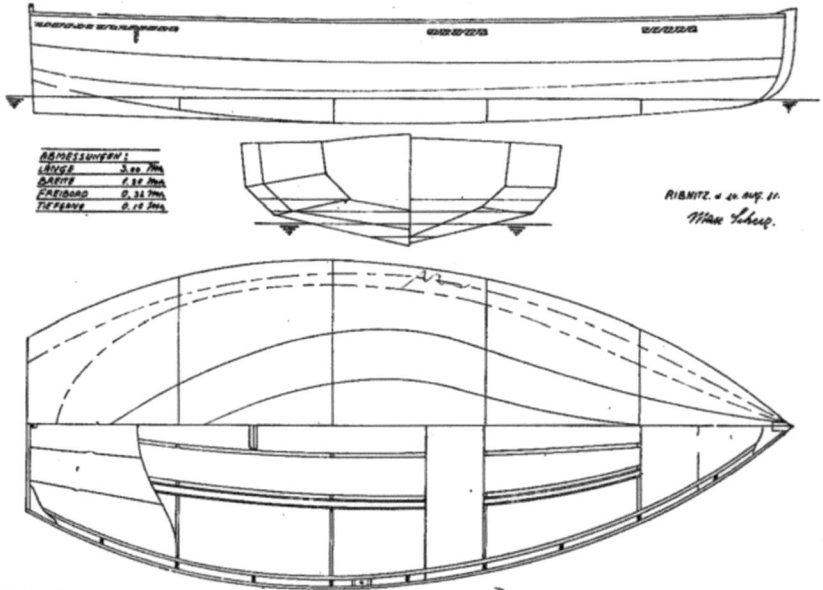

Maßstab 1 : 30.   Länge ü. A. 3,00 m, gr. Br. 1,35 m, Seitenhöhe 0,42 m.

Dreiplanken-Segel-Dinghy mit Sprietsegel.
Entworfen von R. F. Tarris.

Ein amerikanischer Entwurf für ein dreiplankiges Beiboot zum Rudern für zwei Mann und zum einhandig Segeln. Dabei ein gutes Modell für einen kleinen Anhänger mit kräftigem Decksprung, gut aufgeholtem Boden und trotz dieses platten Bodens scharfen Linien im Bug und ziemlich vollen am Heck, welche gutes Nehmen von Seegang gewährleisten, zu starkes Wegsetzen hinten dagegen verhüten. Bemerkenswert ist die geschickte Anordnung des Schwertes, das auch völlig aufgeholt beim Rudern nicht hinderlich ist. Das schön geschnittene Sprietsegel mit Baum, sowie der reichliche Lateralplan ermöglichen scharfes Kreuzen, und die Kielflosse mit tiefreichendem Ruder stetigen Lauf raumschots. Auch ohne Segel-Ausrüstung ist das Dinghy ein sehr brauchbares kleines Beibootmodell, welches bequem 4 Personen trägt. Das Boot hat keinen Schandeckel, und der Dollbaum liegt auf der Innenseite der Spanten, so daß kieloben liegend der kleinste Rest von Wasser und Sand ausgespült werden kann. In Originalgröße paßt das Dinghy allerdings nur als Beiboot für eine größere Jacht.

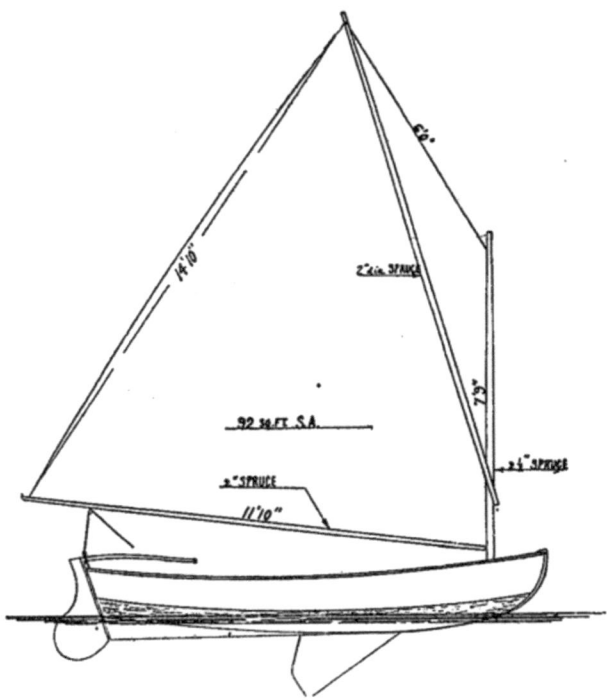

Maßstab rd. 1 : 60.

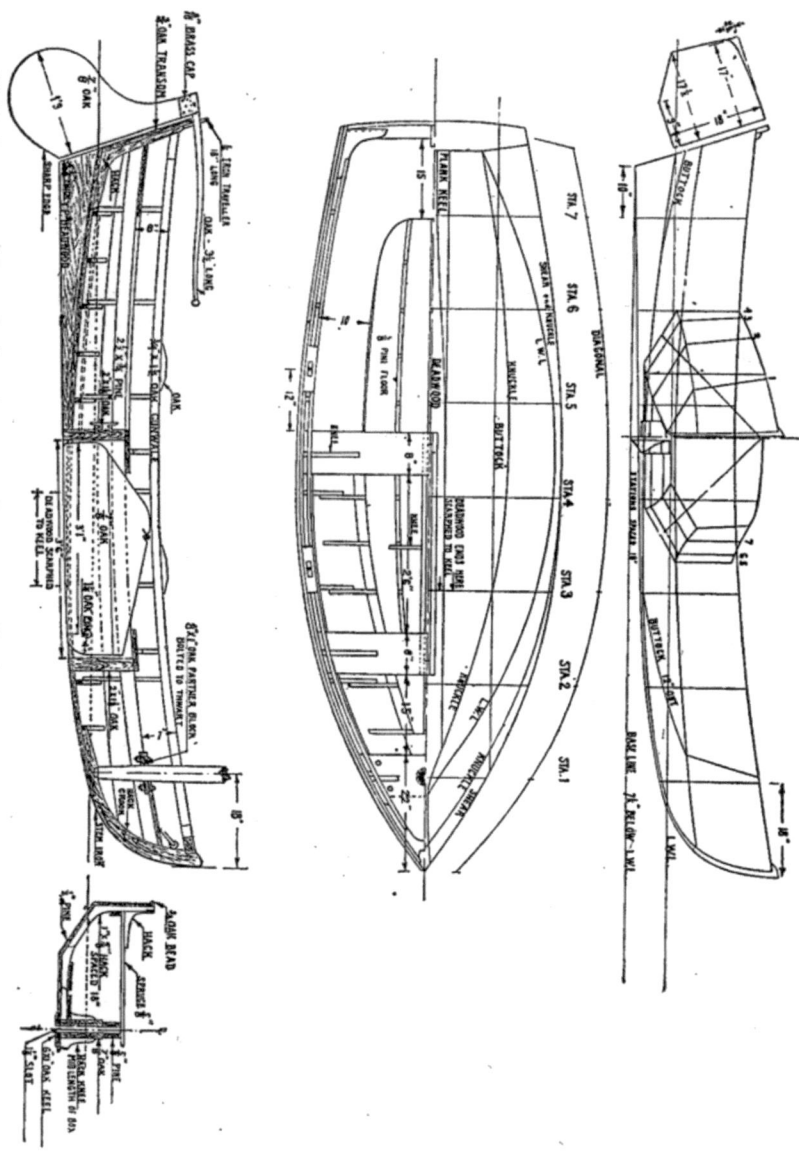

3-plankiges Segel-Dinghy von R. F. Tarries.

Maßstab 1 : 35. Länge ü. A. 3,65 m, gr. Br. 1,25 m, Freibord vorn 0,50 m, Freibord hinten 0,38 m.

C. Rundspantige Beiboote.

3 m-Beiboot mit Segel.

Mit Scharpiespanten oder Rundspanten gleich stabil und tragfähig, eignet sich das Boot sowohl als Beiboot auf Binnengewässern als auch als Segel-Dinghy, wozu es mit Stechschwert und Senkruder versehen ist. Um es möglichst geräumig zu machen, ist eine mittlere Ruderducht fortgelassen, dafür aber ein Sitz auf dem Schwertkasten angeordnet. Der aufgeholte Kiel bzw. Boden und das achterliche Stück Totholz machen es zum leichten Schleppen im glatten Wasser tauglich; für stärker bewegtes Wasser sind seine Spanten jedoch zu völlig und würden es hart aufhauen lassen.

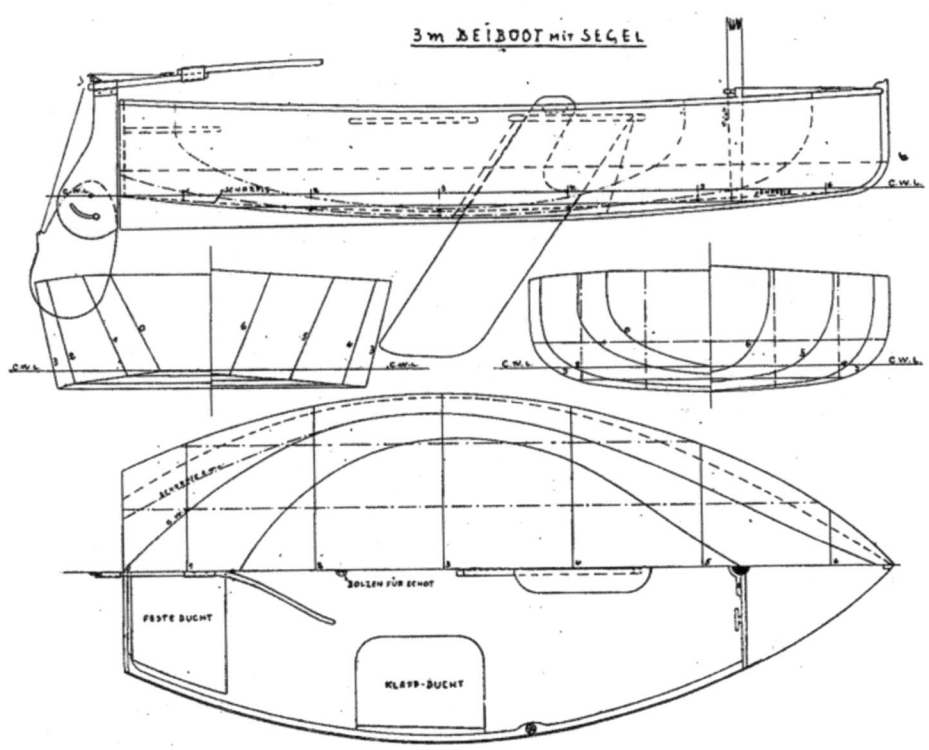

Maßstab 1 : 30.

Länge ü. A. 3,00 m, gr. Br. 1,40 m, Tiefgang mit Kielflosse hinten leer 0,13 m, Segelfläche 5,00 qm.

Segelriß siehe Seite 43.

Schaluppe von 2,50 m Länge.

Entworfen von Oberingenieur C. E. Heymann.

Ein Jachtbeiboot, das besonders auf dem Rhein häufiger anzutreffen ist, ist die Schaluppe, kurzweg dort „Schlupp" genannt oder „Steuermannsjolle", da sie mit größeren Abmessungen von den Rheinlotsen im starken Strom zum An- und Vonbordgehen in Fahrt befindlicher Schlepp- und sonstiger Dampfer benutzt wird. Auch der Verfasser hat lange Jahre solche Boote größerer Art mit Seitenschwertern, Sprietsegel und Fock zum Segeln und kleine, wie das hierbei abgebildete, als Ruder- und Beiboot benutzt. Sie werden von keinem Kielboot gleicher Größe an Seefähigkeit erreicht; sind auch im kabbeligsten Seegang trocken, rudern sich ebenso leicht vorwärts wie rückwärts, drehen auf dem Teller und sind als Anhänger geeigneter als jeder andere Typ. Als Beweis für die vortrefflichen See-Eigenschaften dieses Modells kann weiter gelten, daß es bei einer Länge von 9,00 m und mehr an den Küsten der Zuyder-See und auf anderen holländischen Gewässern als Rettungsboot benutzt wird. Die Querstabilität ist bei den völligen Wasserlinien und Spanten verhältnismäßig sehr groß, und selbst die Längsstabilität ist auch bei stark belastetem Vorder- oder Hinterteil des Bootes so erheblich, daß auch bei solcher Belastung ein Kentern nicht so leicht eintritt. Da die Dollenlager sehr weit hinten und durch einen Klotz erhöht angebracht sind, hat man das Boot fest in der Hand und auch bei starker Zuladung desselben noch genügend Dollenlagerhöhe über dem Wasserspiegel. Die Bauart dieser geklinkerten Boote ist abweichend von der allgemein bekannten. Die Boote haben keinen Kiel, sondern nur eine Kielplanke, die am Spiegel mit Knie befestigt ist. Vor- und Hintersteven fehlen gänzlich. Vorn laufen die Planken in einem sogenannten „Maulklotz" (richtiger Mallklotz) zusammen. Mit diesem ist die mittelste wiederum mit Knie verbunden, während die übrigen auf Sponung eingelassen sind. Die Spanten aus Krummholz sind nur halbe, d. h. sie reichen vom Dollbaum nur eine Planke breit über die Kielplanke. Der gegenüberliegende Halbspant ist versetzt, also weiter hinten oder vorn eingebaut, und zwischen je zwei Halbspantpaaren ist eine kurze Bodenwrange eingebaut. Die Flosse hinten („Schegg" genannt) ist von außen angebolzt. Im allgemeinen ist das Boot nur für eine Person bestimmt, trägt aber deren drei. In ersterem Fall sitzt der Ruderer auf der Mittelducht, mit dem Gesicht nach vorn, und „streicht Riemen". Dazu ist dann ein zweites Paar Dollenlager vor der Mittelducht notwendig. Bei der Besetzung mit zwei Mann sitzt der Ruderer auf der hintersten Ducht und „streicht"; der andere, rückwärts schauend auf der Vorderducht eventuell mit einem Riemen rudernd. Ein einzelner kann auch stehend wricken.

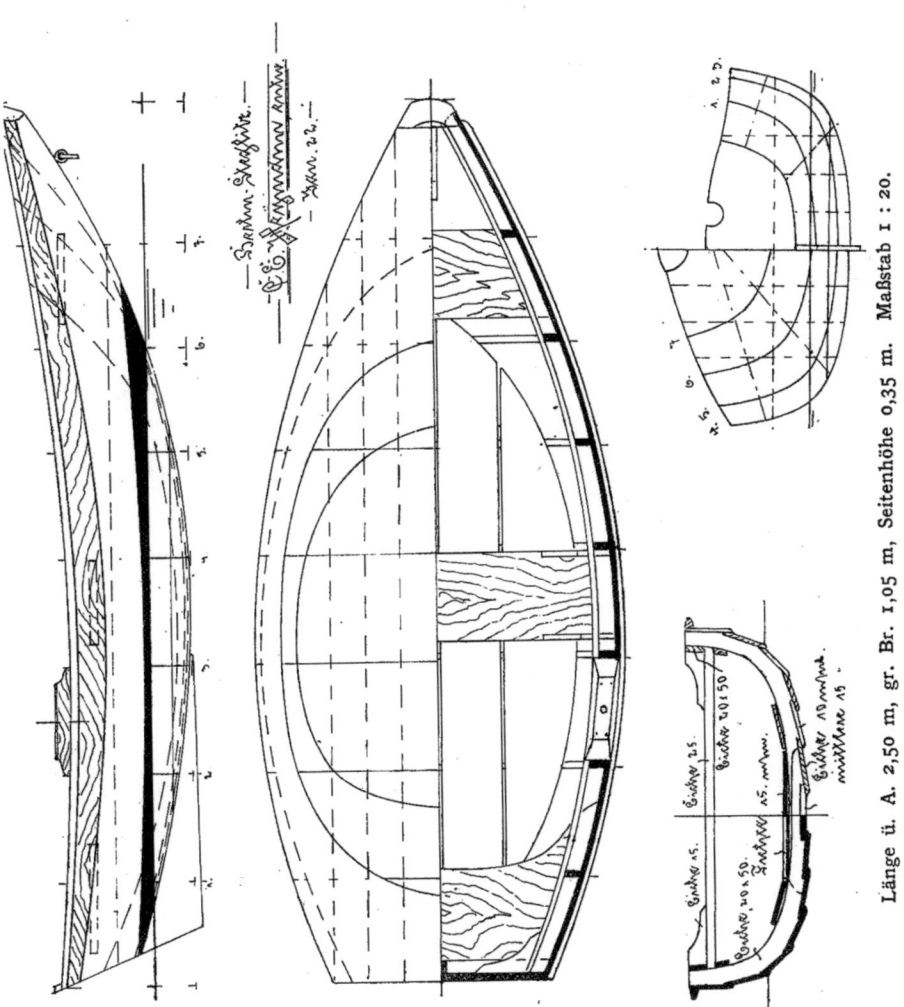

2,80 m-Beiboot.

Entworfen für den Yacht-Club Müggelsee von Ernst Bruns.

Von den Berliner Gewässern bringt der Müggelsee den gröbsten Seegang auf, und seinen Eigenschaften entsprechend ist dieses kleine Beiboot entworfen. Seine scharfen Wasserlinien, weiche Spantformen vorn und hinten verbürgen stoßfreies Schleppen im Seegang und der reichliche Freibord auch bei stärkerer Abladung noch bequemes Rudern. Das hintere Totholz verbessert sowohl Schlepp- als auch Segeleigenschaften des Bootes, und der Kasten für das Stechschwert beansprucht keinen nutzbaren Raum, da er unter der Mittelducht eingebaut ist. Bei seiner großen Breite ist das Dinghy ebenso tragfähig wie stabil und daher für alle Beibootzwecke brauchbar.

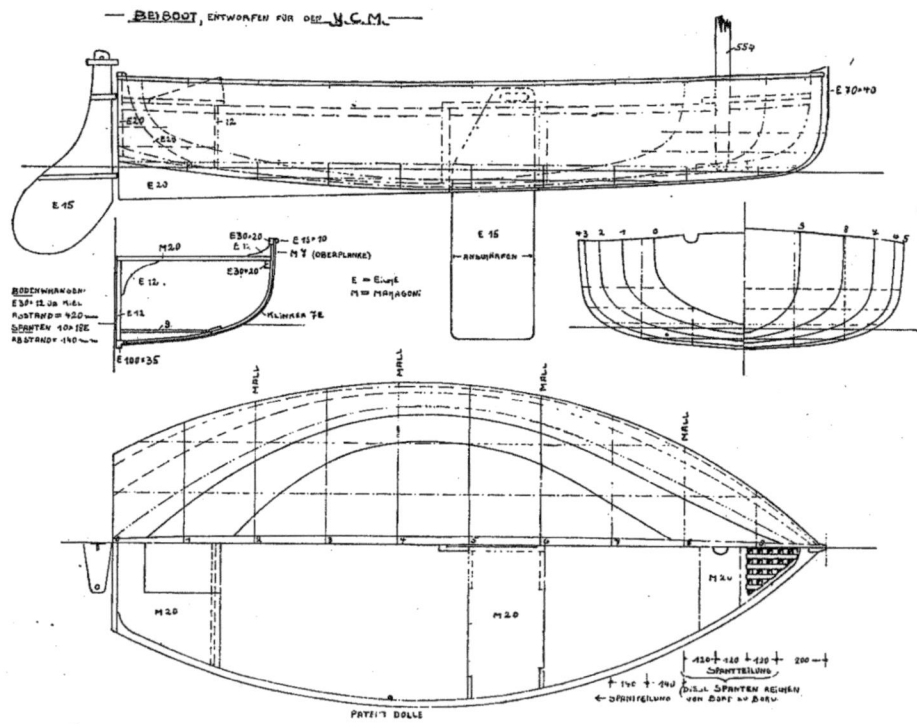

Maßstab 1 : 30.

Länge über alles 2,80 m, größte Breite 1,30 m, Seitenhöhe 0,43 m, Segelfläche 4,75 qm.

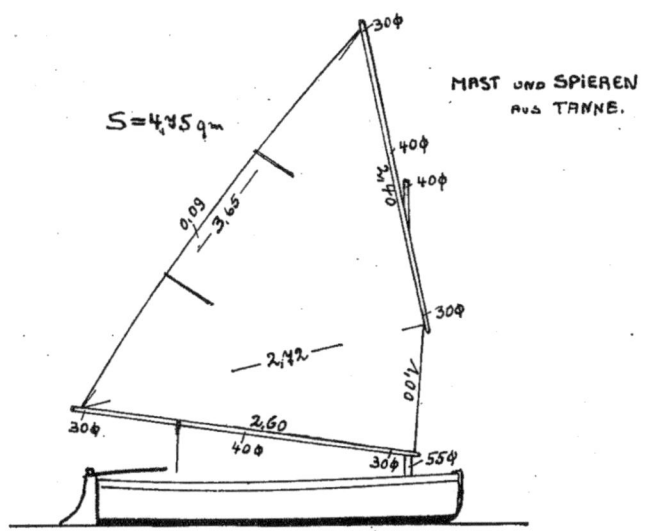

Maßstab 1 : 60. Segelfläche 4,75 qm.
Segelriß des 2,80 m Beibootes.

Jacht mit zu kurz angehängtem Beiboot.

2,90 m-Dinghy mit Hochtakelung.

Entworfen von Schiffbauingenieur Heinz Docter, Kiel.

Durch seine sehr völligen Formen ist das Dinghy sehr stabil und trägt als Beiboot 3—4 Personen. Mit einem einzelnen Mann besetzt, läßt es sich bei seiner geringen Verdrängung leicht rudern.

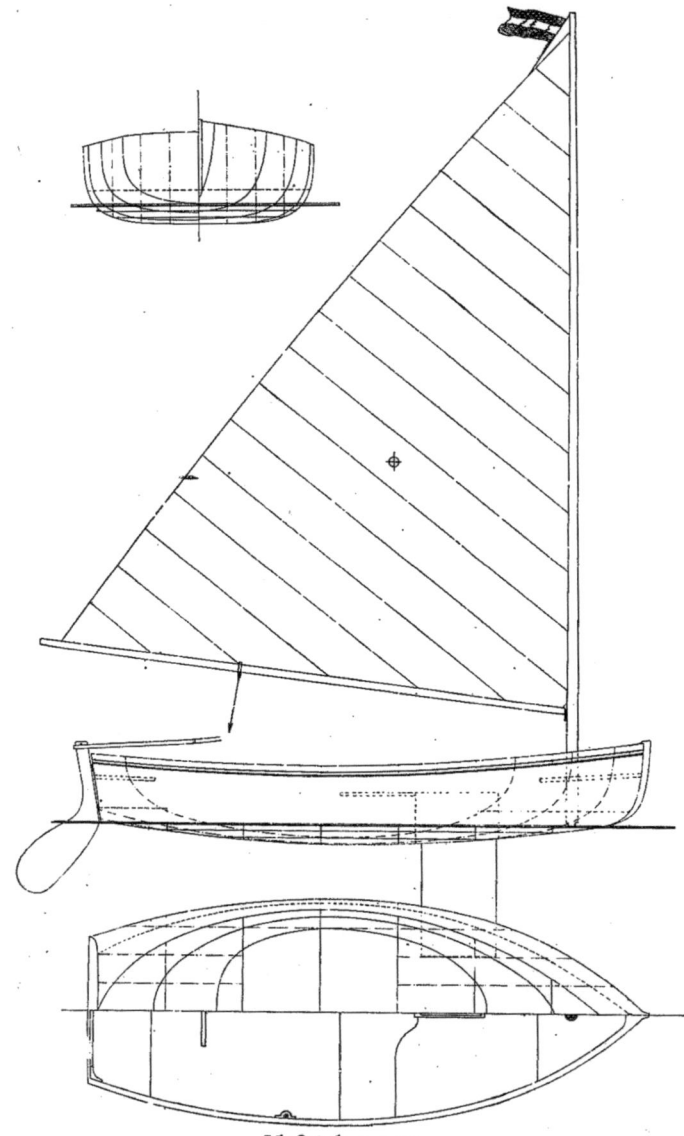

Maßstab 1 : 40.
Länge 2,90 m, gr. Br. 1,20 m, Tiefgang mit Schwert 0,70 m, Segelfläche 4,75 qm.

Besonderer Wert wurde auf gute Segeleigenschaften und angemessene Schnelligkeit gelegt, damit sich das Boot mit Aussicht auf Erfolg auch an Beiboot-Wettfahrten beteiligen kann. Gleich bei seiner ersten Wettfahrt erwies es sich als hervorragend schnell und belegte denn auch den ersten Platz. Werden Stechschwert, Ruder und Mast herausgenommen, welch letzterer mit beigeklapptem Baum und darüber gerolltem Segel sich auch auf einer kleineren Jacht noch verstauen und mitnehmen läßt, so hat man einen zu allen Zwecken brauchbaren kleinen Anhänger und alles in allem ein richtiges „Entoutcas-Dinghy", d. h. für Sport- und Arbeitszwecke gleich gut verwendbares Beiboot. Als solches ist es denn auch vielfach nachgebaut worden.

Das Beiboot als Landungsbrücke.

5 qm-B. K. V.-Jolle als Beiboot.

Entworfen von Schiffbau-Ingenieur A. Harms.

Der Entwurf stellt einen Versuch dar, ein Klassenboot als Beiboot auszugestalten, das Segeleigenschaften besitzt, die ihm Regatta-Beteiligung ermöglichen. Es sind für das Boot zwei verschiedene Bankanordnungen vorgesehen. Bei der einen steht der Mast in einer wegnehmbaren Längsducht, die mit Flügelmuttern an den Querduchten befestigt ist, bei der zweiten, wie üblich, in der vordersten Querducht. Die hinterste Querbank ist auf den Längsbänken verschiebbar angeordnet, um die Trimmlage des Bootes regeln zu können. Zur Erzielung größtmöglicher Leichtigkeit sind die dünnen Querduchten auf Decksbalken gelegt. Mit der Hochtakelung stellt das Boot eine Vollblut-Segeljolle dar. Das dreieckige Segel ist dagegen das an einer Raa angeschlagene Vorsegel des 30 qm-Kreuzers, zu welchem die Jolle als Beiboot gehört. Ihre Verwendbarkeit als solches ist auf geschützte Binnengewässer beschränkt, da ihre prahmartigen Spanten im Seegang heftig aufschlagen.

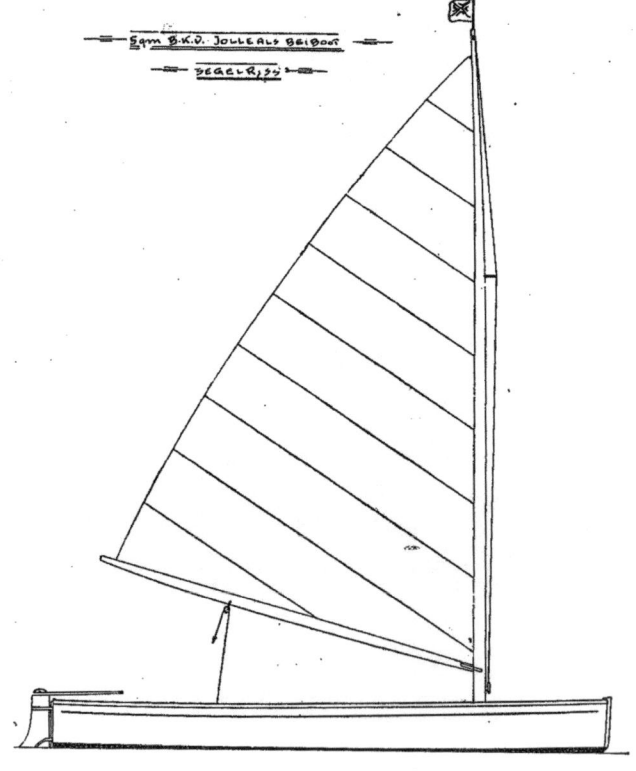

Maßstab 1 : 50. Segelfläche 5,00 qm.

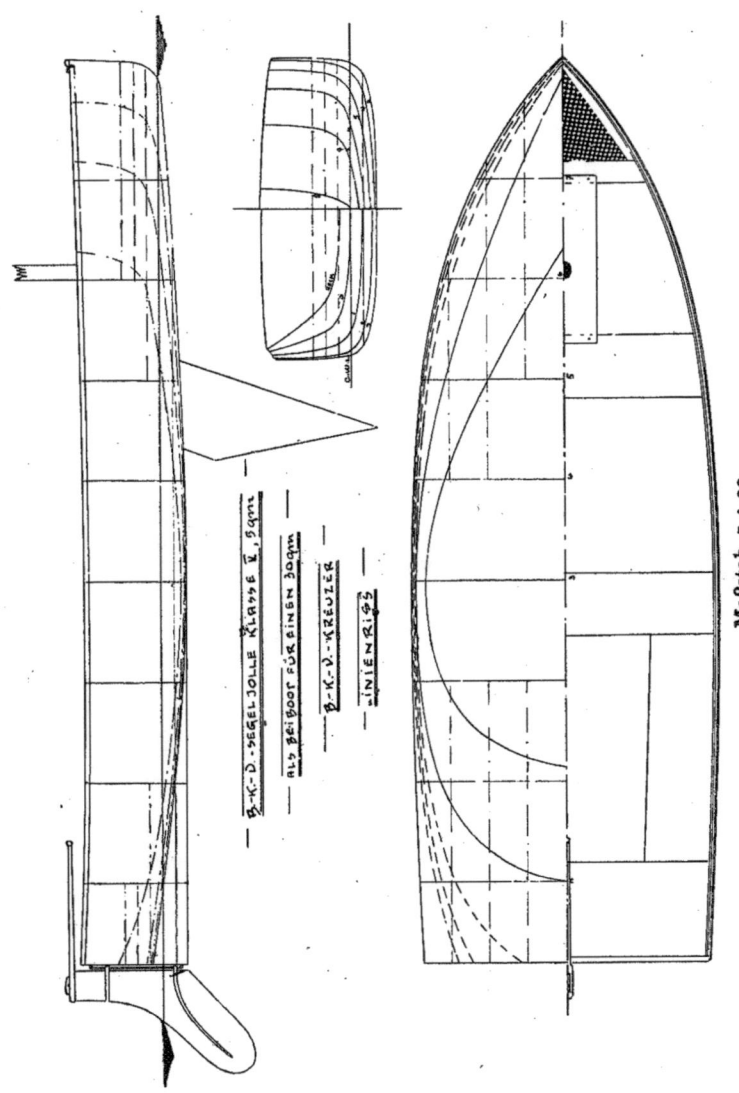

Maßstab 1 : 30.

Länge ü. A. 3,60 m, gr. Br. 1,20 m, Freibord leer 0,33 m.

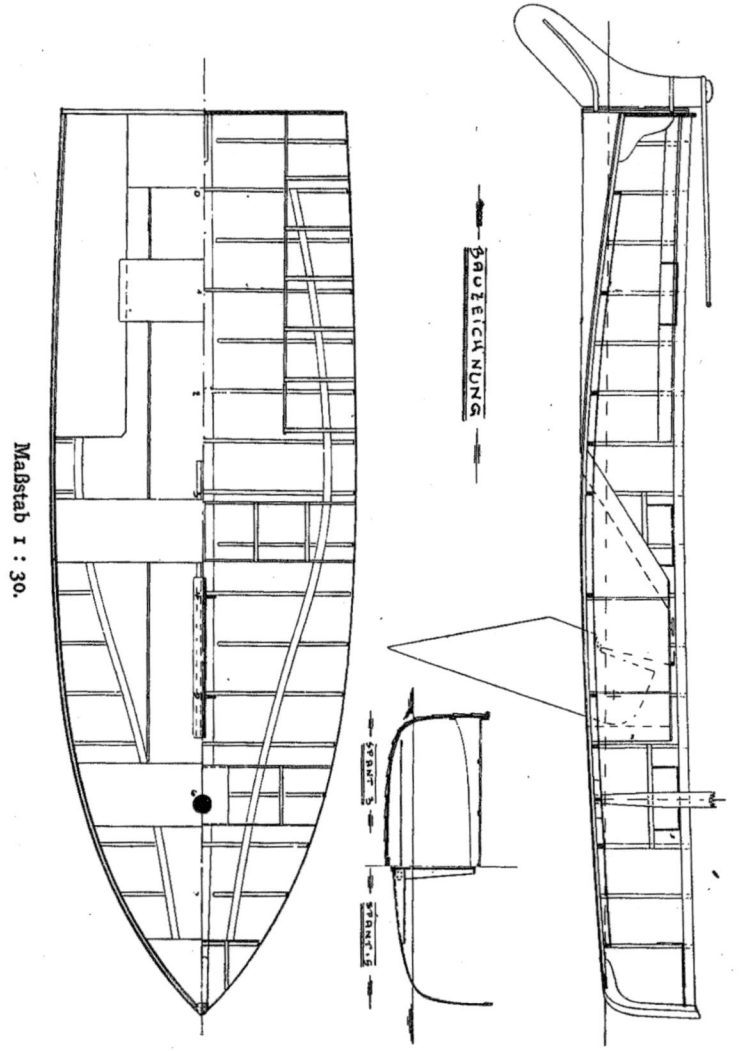

Bauzeichnung der 5 qm-B. K. V.-Jolle.

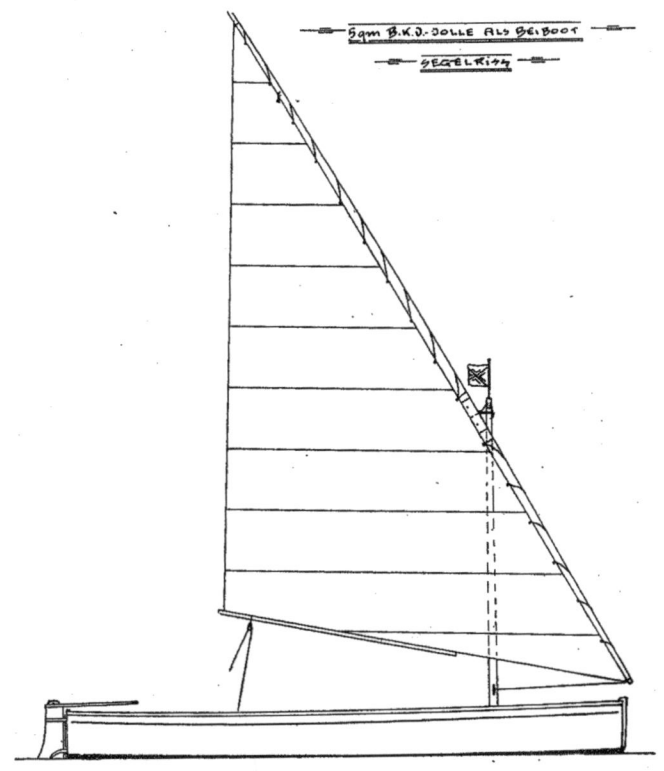

Maßstab 1 : 50. Segelfläche 4,50—5,00 qm.

Dinghy mit Stechschwert und Sprietsegel.
(Abbildungen auf S. 80—82.)

Eine flache Flunder, die nur doppelt so lang wie breit ist und Seegang nicht verträgt, aber im glatten Wasser beharrlich mitläuft, nur darf es nicht zu schnell gehen, da ihre Linien und das breite nicht aufgeholte Heck sich dagegen sträuben. Aber große Stabilität und Tragfähigkeit bei äußerster Leichtigkeit; am besten geeignet zum Verkehr zwischen der an der Boje liegenden Jacht und dem Lande, um nach dem Loswerfen selbst an der Boje zu bleiben. Tragfähigkeit 3 Personen. 1 Mann allein sitzt beim Rudern auf dem Schwertkasten. Die Eindeckung vorn und hinten hat nur Zweck, wenn sich Luftkästen darunter befinden.

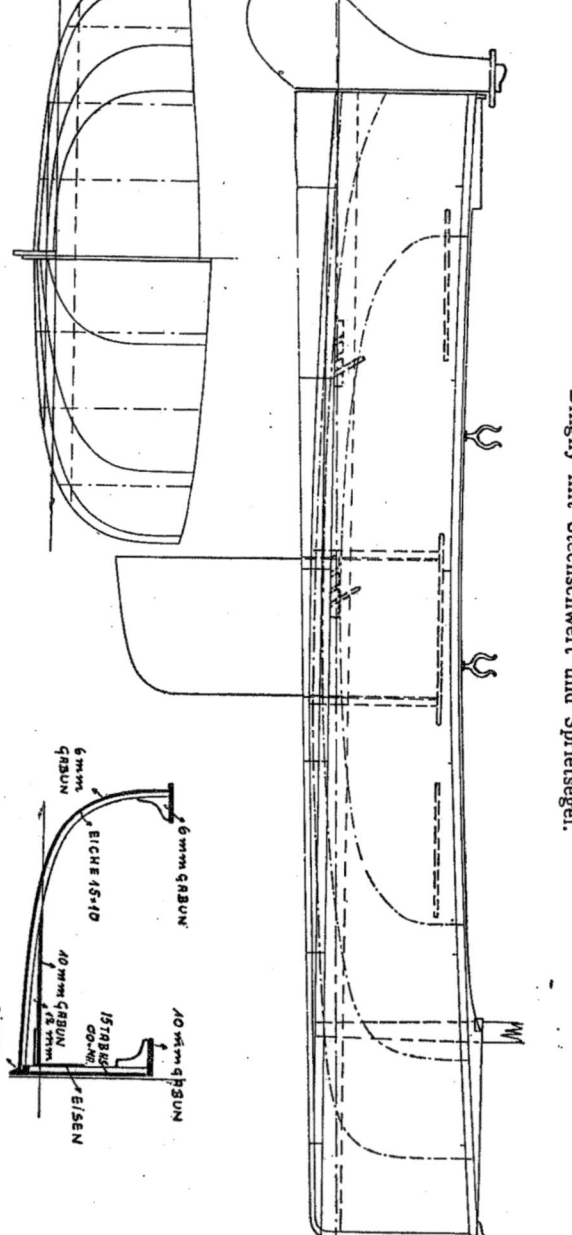

Dinghy mit Stechschwert und Sprietsegel.
Maßstab 1 : 20.
Länge 3,00 m, gr. Br. 1,50 m.

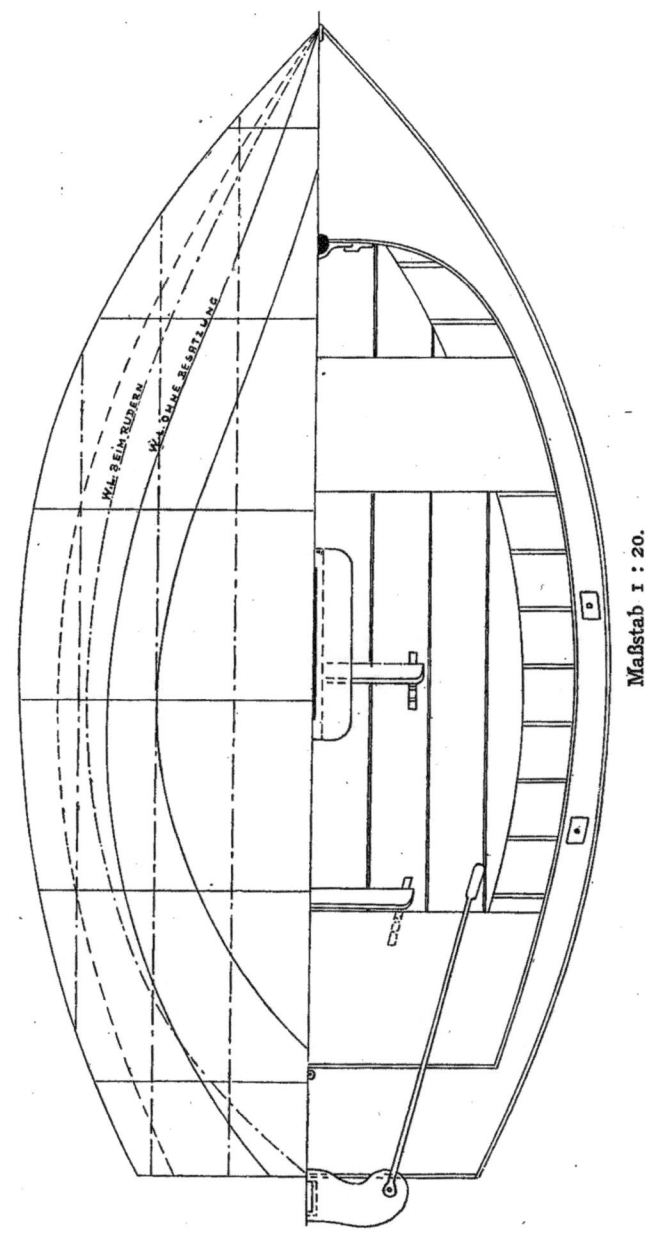

Maßstab 1 : 20.

Länge 3,00 m, gr. Br. 1,50 m. Gr. Br. in der Wasserlinie 1,06 m,

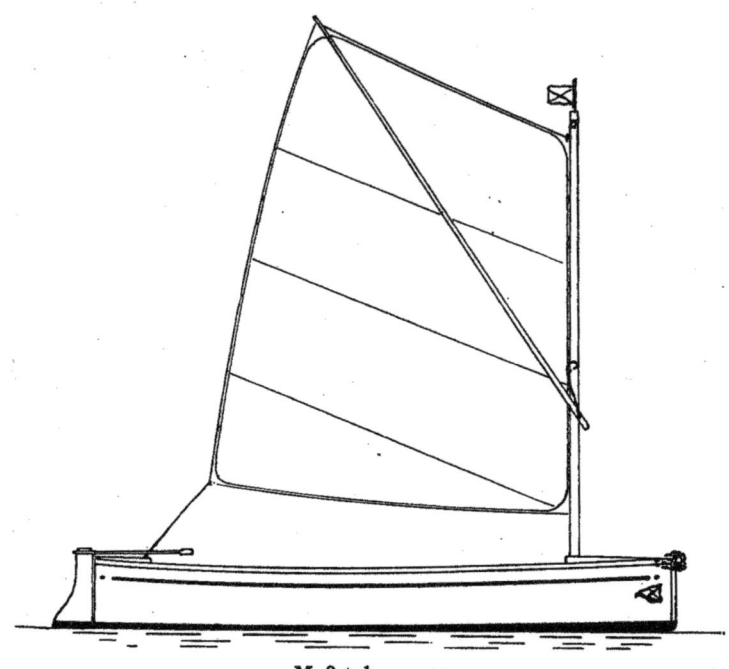

Maßstab 1 : 40.
Segelriß des Dinghy mit Steckschwert und Sprietsegel.

Gedecktes 3 m-Segeldinghy mit 6 qm Segelfläche.
Entworfen von F. Grünhagen, Bremen.
(Abbildung auf S. 83.)

Obwohl nicht eigens als Beiboot, sondern als Segeldinghy für das rauhe Wasser der Unterweser entworfen, eignet sich das Bootchen, so wie es dargestellt ist, nicht nur für eine größere Jacht, welche die verhältnismäßig große aus dem Boot herausgenommene Takelage auf ihrem Deck verstauen kann, sondern auch als Anhänger für kleinere Jachten. Es braucht nur die Eindeckung fortgelassen und wenn es nur gelegentlich zum Segeln benutzt werden soll, eine kleinere Spriet- oder Luggertakelage entworfen zu werden, die in dem Bootchen selbst verstaut werden kann. Seine Linien gewährleisten gutes Schleppen auch in gröberem Seegang und das Fächerschwert beengt den Raum kaum nennenswert, so daß seine Tragfähigkeit, die bei dem guten Freibord für drei Personen ausreicht, auch für Gepäckbeförderung gut ausgenutzt werden kann. Wie der Konstrukteur schreibt, ist dieses kleine völlige Bootchen aus eichenen 9 mm Klinkerplanken im Herbst 1920 siebenmal gebaut worden.

Seine Länge über alles beträgt 3,00 m und die größte Breite 1,30 m.

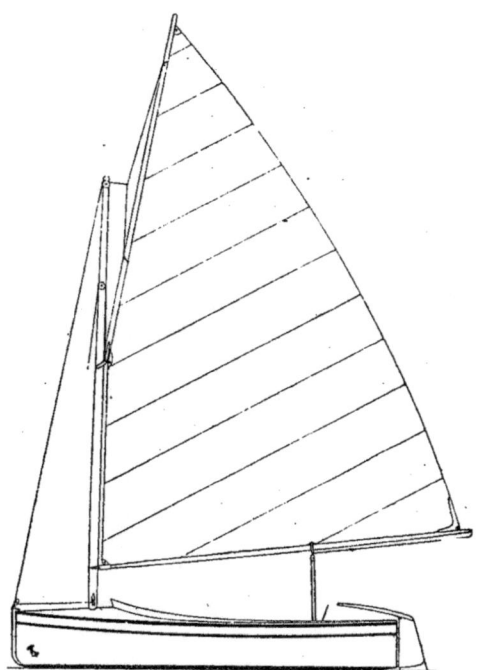

Maßstab 1 : 60.   Segelfläche 6,00 qm.

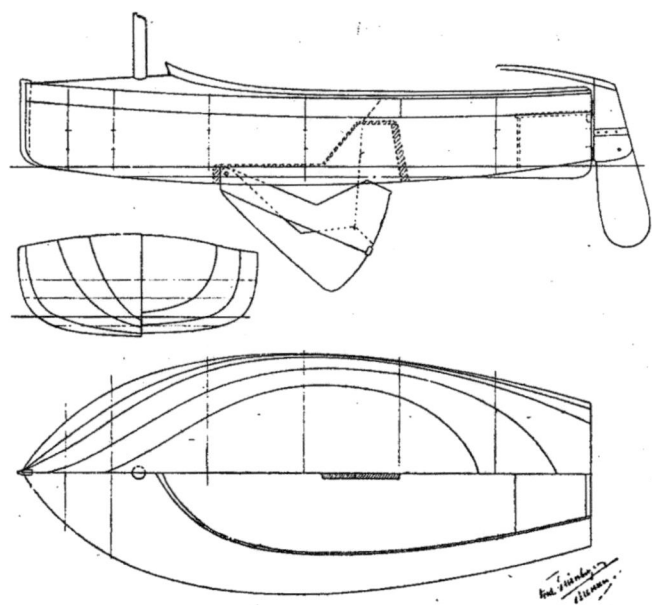

Maßstab 1 : 40.   Länge 3,00 m, gr. Br. 1,30 m.

Decks-Beiboot mit Schwert.
Von Oberingenieur C. E. Heymann.

Dieses Boot in Form einer kleinen offenen Alster-Segeljolle hat einen ziemlich hohen Außenkiel, der es im Verein mit dem nicht zu kleinen Schwert und mäßig großen Luggersegel besonders zum Segeln im rauhen Wasser auf Reeden und Flußmündungen geeignet macht. Zum Rudern ist es für 2 Paar Riemen auf den Mittelduchten eingerichtet, mit oder ohne Steuermann. Im ganzen besitzt es Tragfähigkeit für 6 Personen. Es eignet sich besonders als Seitenboot eines größeren Segel- oder Decksboot einer Motorjacht. Als Anhänger ist es nur gelegentlich und bedingt verwendbar, da sein langer Lateralplan kurze Wendungen nicht zuläßt.

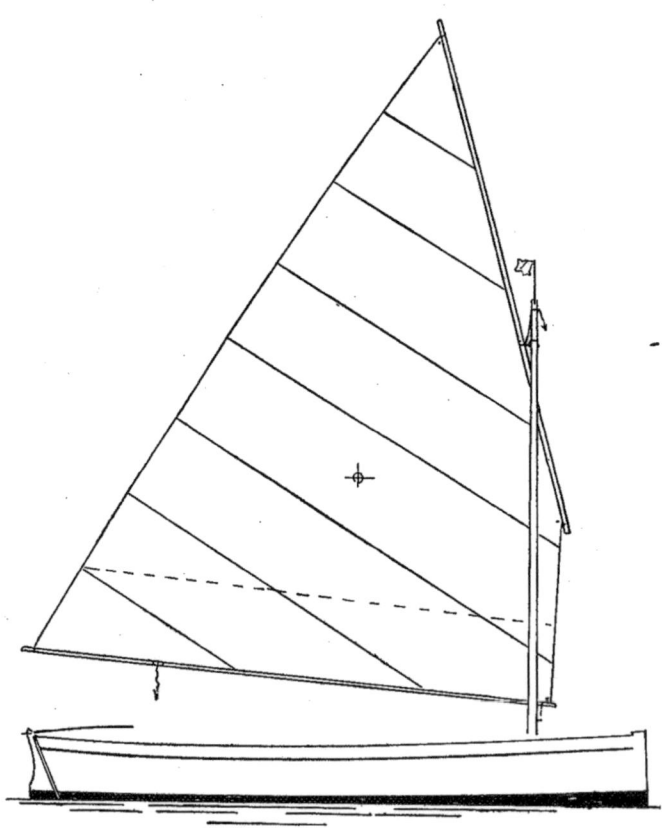

Maßstab 1 : 50. Segelfläche 8,20 qm.

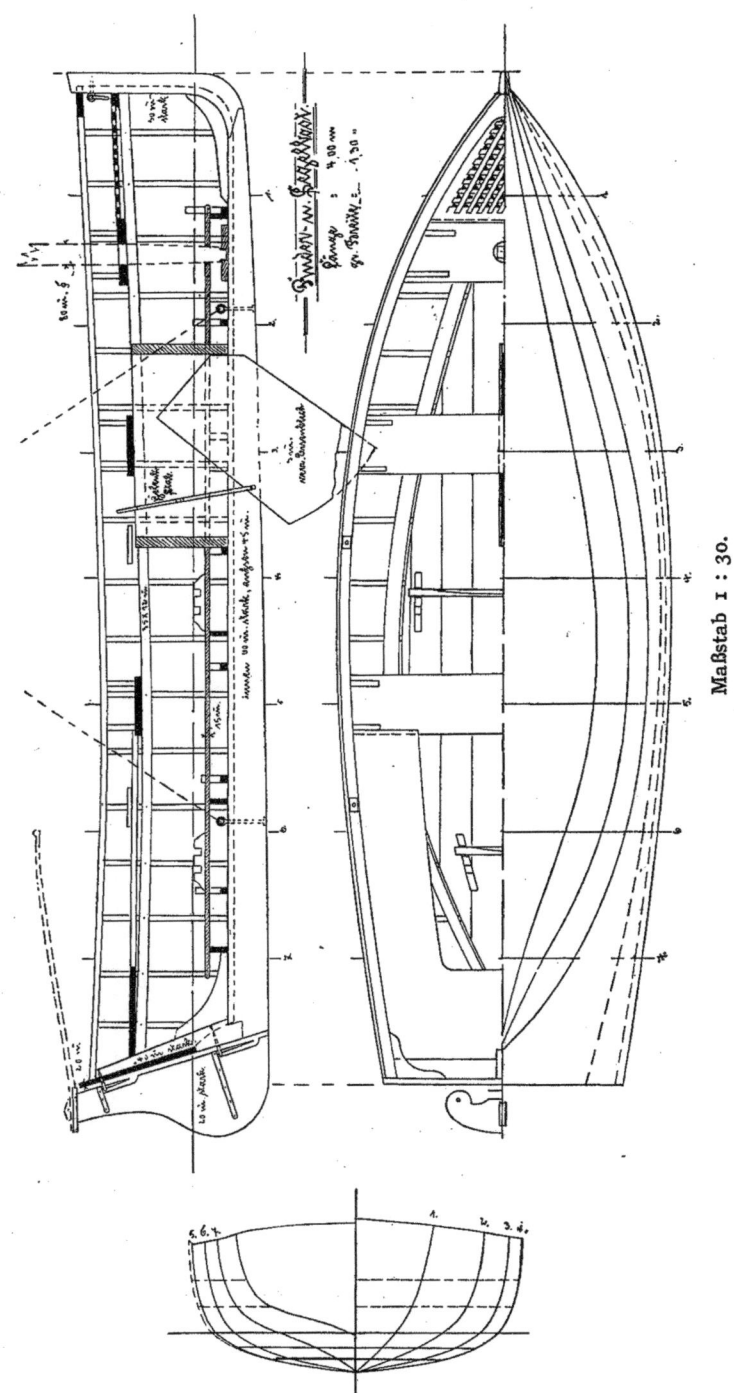

Maßstab 1 : 30.

Länge ü. A. 4,00 m, gr. Br. 1,30 m, ger. Freibord 0,35 m, Seitenhöhe 0,65 m.

2,85 m-Anhänger mit Stechschwert.

Die Seitenansicht läßt erkennen, daß sich dieses kleine Dinghy mit seinem gerundeten Vorsteven gut schleppen läßt und, wie aus dem Spantenriß ersichtlich, auch bei schnellster Fahrt wenig Sog verursacht, da der schrägstehende und stark beschnittene Spiegel einen guten Wasserablauf gewährleistet. Trotz der muldenförmigen Spanten, dürfte die Stabilität bei seiner verhältnismäßig guten Breite und vorsichtiger Behandlung eine ausreichende sein, die eine Belastung durch zwei Personen zuläßt. Die Hochtakelung macht das Bootchen zum sportlichen Segeln tauglich, und sie läßt sich nach Hochklappen des Baumes am Mast leicht aus der Spur heben und wegstauen.

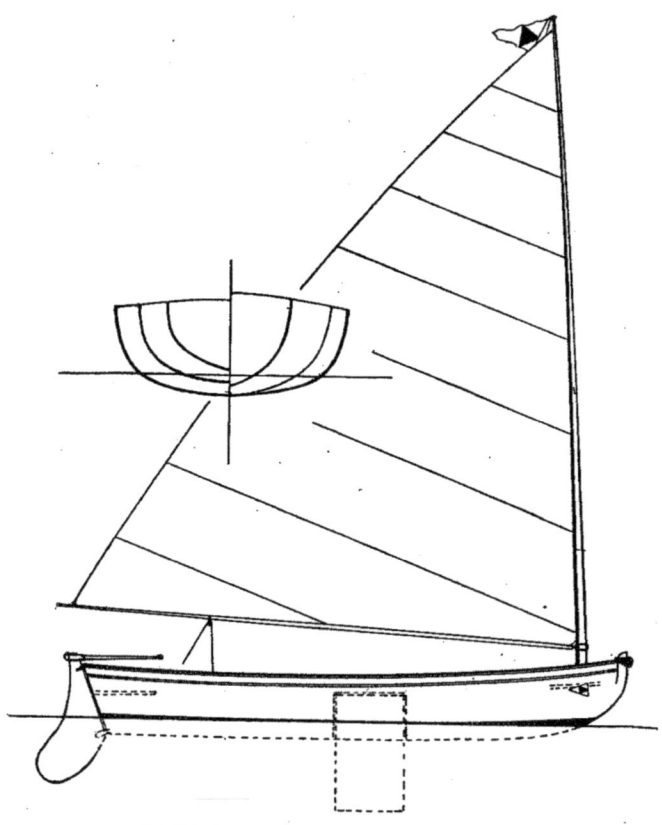

Maßstab 1 : 40. Segelfläche 4,3 qm.
Länge ü. A. 2,85 m, gr. Br. 1,10 m.

Segel-Beiboot für grosse Jachten.
Entworfen von J. A. Potter.

Nur zur Ausübung des Kleinsegelsports und zur Abwechselung gegenüber dem Jachtsport eignet sich in Originalgröße dieses Beiboot, welches große Jachten als Decks- oder Seitenboot führen können. Zum Rudern ist es zu breit und schwer. Ohne Deck und Schwert mit entsprechender Duchtanordnung und kleineren Abmessungen (jedoch nicht unter 3,00 m Länge) eignet sich der Linienriß dagegen auch für einen kleinen Anhänger, der alle erforderlichen Eigenschaften für Binnenreviere und die See besitzt.

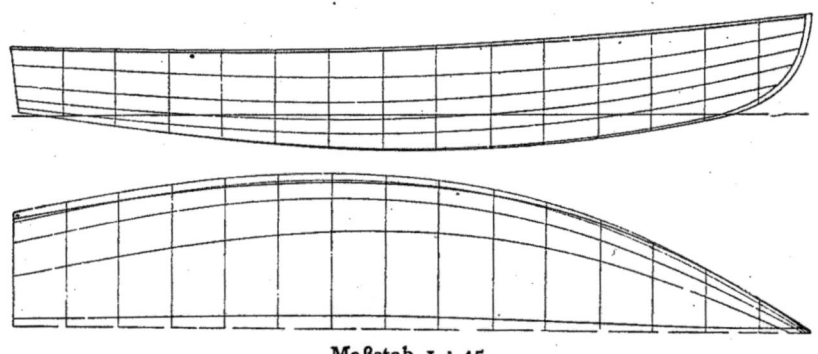

Maßstab 1 : 45.
Länge ü. A. 4,57 m, gr. Br. 1,67 m.

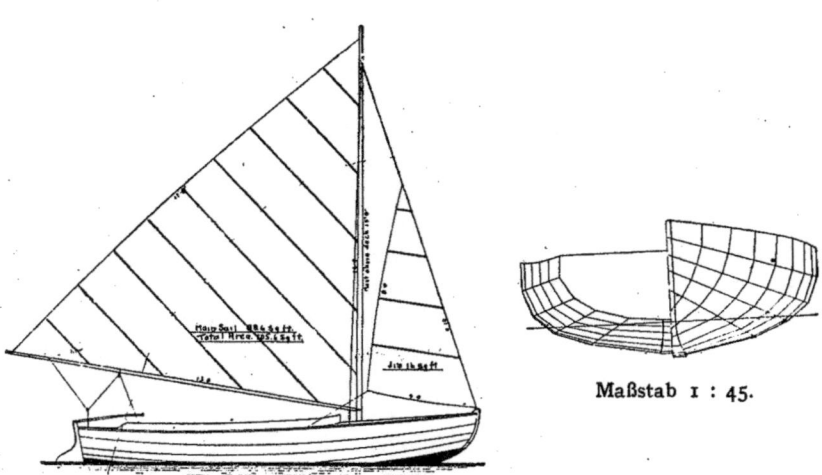

Maßstab 1 : 45.

Maßstab 1 : 90.

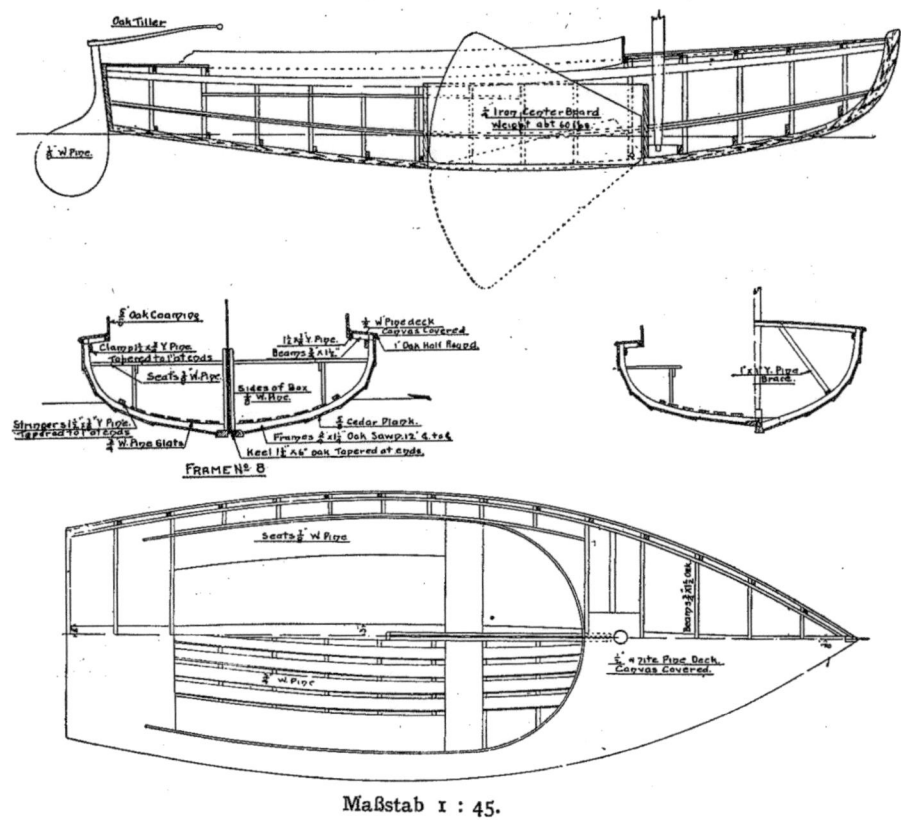

Segelbeiboot von Potter.

Maßstab 1 : 45.

3,65 m-Segel-Dinghy.

Entworfen von N. L. Skene. (Abbildungen auf S. 89.)

Zwar älteren Typs und als Anhänger wegen seines langen Lateralplans nicht sonderlich geeignet, aber von außerordentlich hübschen Linien, seetüchtig und guter Segler. Das Original trägt ein Catsegel von 8,3 qm. Bemerkenswert ist die gut durchdachte Gewichtsverteilung und Anordnung der Querduchten. Ein einzelner Mann rudert auf der dritten Querducht. Bei einer Besetzung mit zwei Mann sitzt einer auf der zweiten, der andere auf der hintersten Ducht am Ruder. Drei Mann verteilen sich auf die zweite, dritte und hinterste Ducht, und schließlich kann das Boot auch 4 Personen aufnehmen, wovon eine oder auch zwei rudern können. Das Boot hat keinen Schandeckel, sondern offenen Dollbord, um beim Umdrehen allen Sand und Bodenschmutz ausspülen zu können. Linienrisse und Bauplan zeigen eine musterhafte Durchkonstruktion.

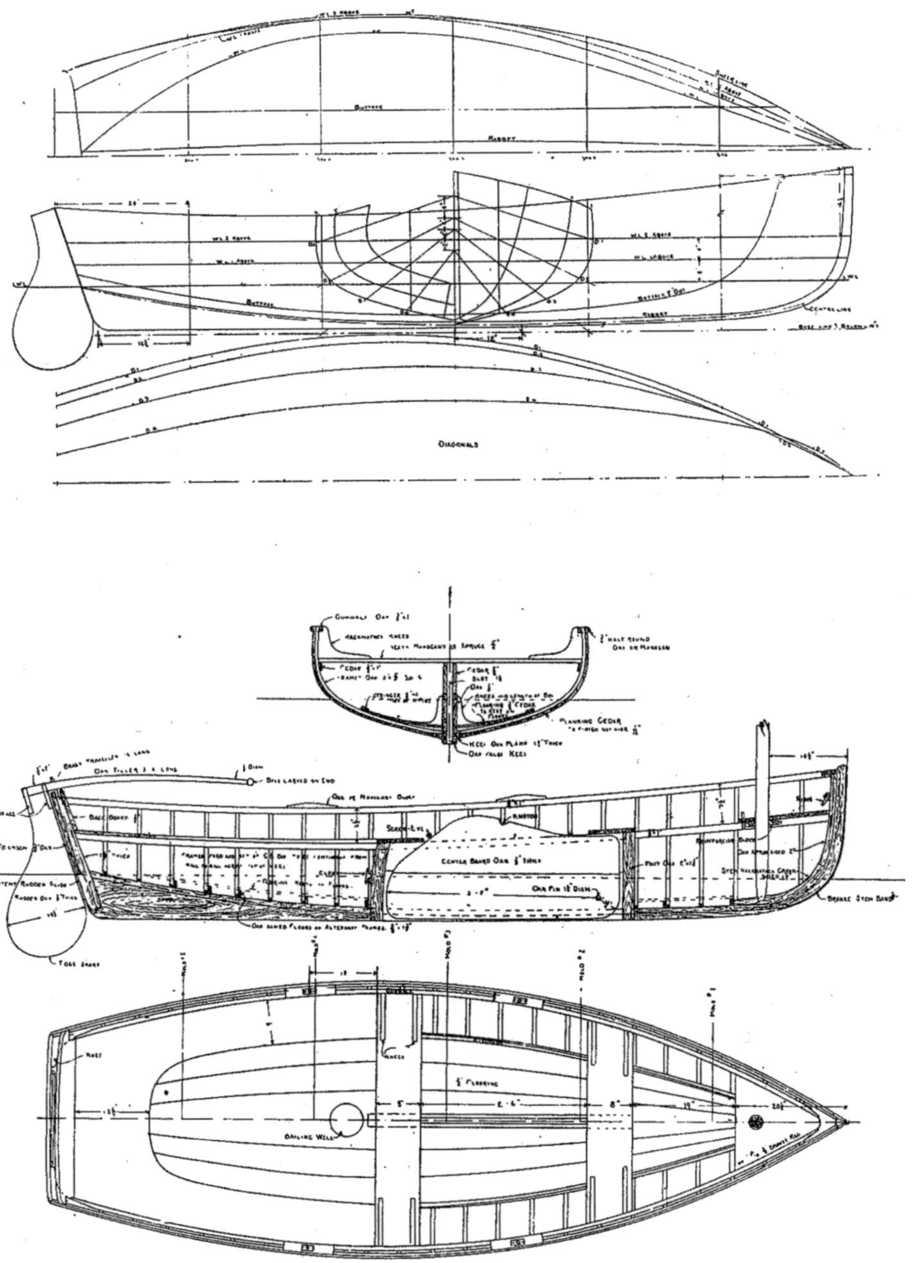

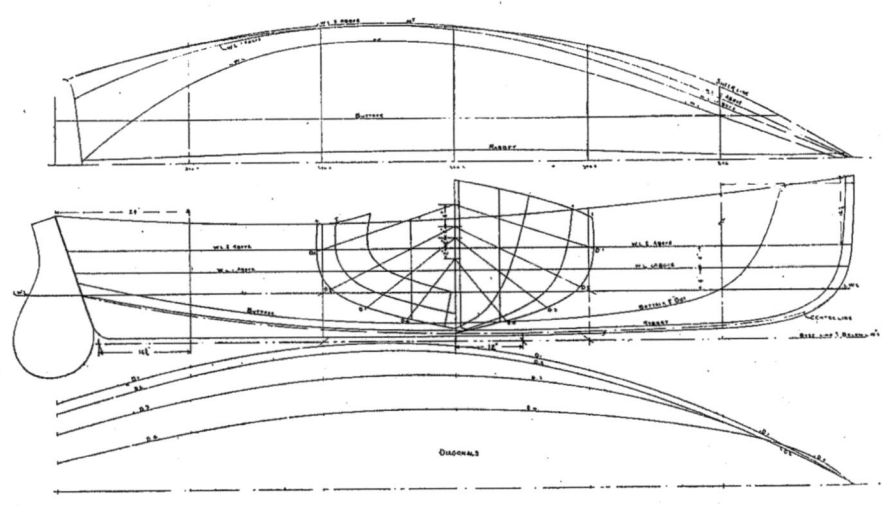

Länge ü. A. 3,65 m, gr. Br. 1,22 m, Segelfläche 8,30 qm.
Maßstab 1 : 35.

Anhang-Beiboot für die See.

Entworfen von Ernst Bruns, Berlin.

Mit diesem Entwurf soll ein kleines Beiboot als Anhänger für Segeljachten geschaffen werden, das sich in See gut benimmt und auch auf glattem Wasser bei schneller Fahrt nicht bremsend wirkt. Daher seine Linien einer modernen Rennjolle, die es bei schneller Fahrt vorn herausheben und über die Seen hinweggleiten lassen. Seine Anfangsstabilität ist sehr gering, einseitige Belastung im Bug verträgt es nicht und hauptsächlich Quersee wird die Ursache dafür sein, es an Bord nehmen zu müssen, um seitliches Wasserschöpfen zu verhüten. Dagegen sind Leichtigkeit, Schnelligkeit und große Manövrierfähigkeit wertvolle Eigenschaften des Bootes. Bei seiner verhältnismäßig großen Seitenhöhe trägt es auch in bewegtem Wasser drei Mann und ist dann ausreichend stabil. Man kann diesen Typ auch als „schnelles Beiboot" bezeichnen.

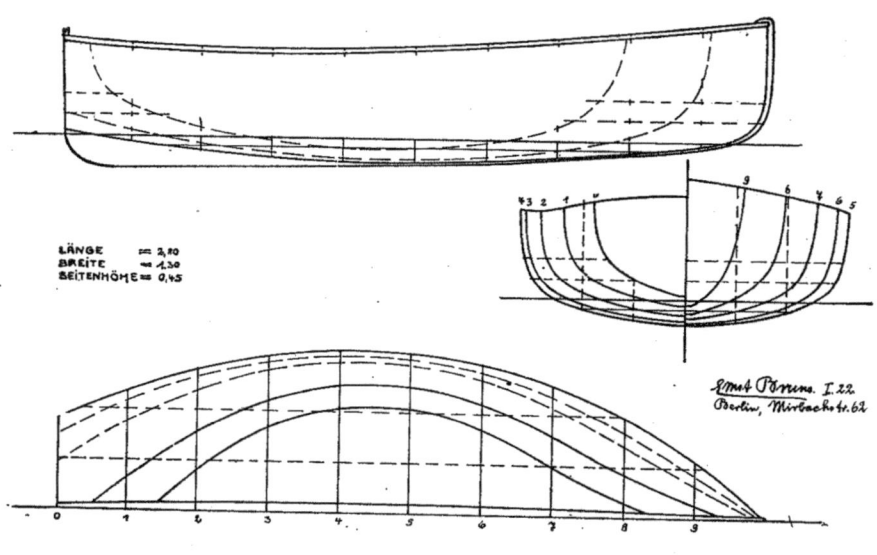

Maßstab ca. 1 : 30.

Länge 2,80 m, gr. Br. 1,30 m, Seitenhöhe 0,45 m.

Arbeits-Jolle.

Entworfen von E. Heymann, Schierstein a. Rhein.

Der vorliegende Riß veranschaulicht eine derbe, tragfähige Arbeitsjolle mittlerer Größe, als Seiten- oder Decksboot einer Hochseejacht, bestimmt zum Ausfahren des Warpankers, von Verhol-Leinen, Lastentransport, Urlauberboot und dergleichen Verkehrszwecke mehr. Sie trägt sechs Mann und hat offene Staurãume hinter der Steuerducht sowie im Bug, letzteren mit einer Gräting verdeckt. Diese in Höhe der vordersten Ducht gelagert, dient zum Aufschießen von Leinen und Lagerung des Ankers. Sie ist daher kräftig, wie die ganze Jolle überhaupt, aus Eiche erbaut. Der Anker wird mit seinem Stock hochkant außenbords neben den Vorsteven, mit seinen Armen dagegen wagerecht auf das auf der Gräting aufgeschossene Tau gelagert und durch einfaches Kanten fallen gelassen. Zu dem Zweck muß die Jolle gegen den Bug der Jacht gewendet werden, wobei bei Wind oder Strom die Mannschaft Riemen streicht. Für gewöhnlich riemen Bug- und Schlagmann, während der Mittelmann skullt, beim Ankerausfahren also allein streicht. Bemerkenswert ist noch, daß die Bordwand zwischen dem vordersten und hintersten Dollenlager fast gerade geführt ist, um ein dichtes Anlegen an Stege, oder das Schiff beim Laden und Löschen zu ermöglichen.

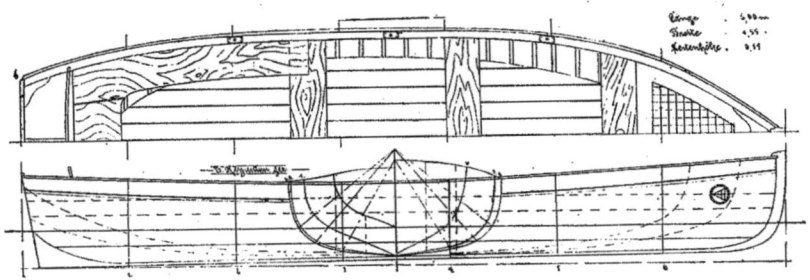

Maßstab 1 : 50.

Länge 5,00 m, gr. Br. 1,55 m, Seitenhöhe 0,55 m.

Eigner-Gig.

Entworfen von E. Heymann, Schierstein a. Rhein.

Die elegante ein- oder mehrsitzige Gig, von zwei bis vier Mann gerudert, mit welcher hauptsächlich der Dampfjacht-Eigner sich oder seine Gäste an Bord setzen oder an Land rudern ließ, hat in neuerer Zeit dem Motor-Beiboot weichen müssen. Untenstehend ist in Seitenansicht und Einrichtungsplan noch ein derartiges einsitziges Boot abgebildet, das mit dieser Einrichtung jedoch vornehmlich für den Kapitän bestimmt war. Es ist nach den Linien einer Yole de mer entworfen, eines Ruderboottyps, der besonders in den Mittelmeerhäfen beliebt ist. Diese Boote sind außerordentlich leicht aus Cedern klinker auf gewachsenen Spanten erbaut. Sie haben weder Dollbaum noch Schandeckel, sondern nur einen versenkten kurzen Stringer, auf welchem die Querdurchten eingebaut sind. Die oberste Planke, die erheblich stärker gehalten wird als die übrigen, hat erhöhte, durch kräftigere Spanten versteifte Dollenlager für Messing-Drehdollen. Die Boote werden jedoch nicht geskullt, sondern geriemt und haben kein Ruder, verlangen also eine im Rudern besonders geübte und geschickte Mannschaft und kunstvolles Manövrieren. Vorder- und Hinterteil des Bootes sind mit leichten Grätings ausgelegt, deren Stäbe abwechselnd aus Mahagoni- und Ahornleisten bestehen. Zur Beförderung von Gästen bestimmt, werden die Boote breiter erbaut, so daß auf der Hinterducht zwei Personen nebeneinander sitzen können, außerdem auf Längsduchten noch zwei bis vier Personen. In diesem Fall werden die Boote jedoch mit Leinen gesteuert, und der Steuermann, je nach Rang, Geschlecht oder Alter der Gäste, ein Offizier oder Bootsmann, lenkt das Boot auf der hinteren Gräting stehend und nur bei stärkerem Seegang sitzend. Die vorliegende Gig hat eine Länge von 7,00 m, ist 1,10 m breit und hat eine Seitenhöhe von 0,42 m.

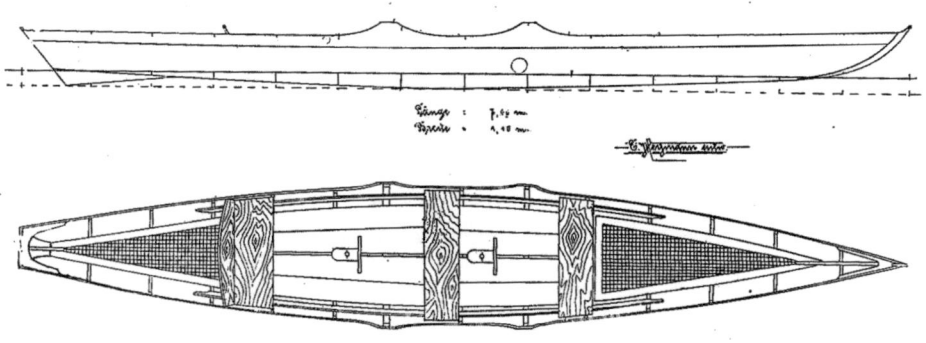

Maßstab 1 : 60.

95 qm-Schärenkreuzer mit dem Beiboot auf dem Heck.

2. Motor-Beiboote.

Von 2,80 m bis 6,60 m Länge.

Motor-Beiboot.

Entworfen von Heinz Docter.

Mit nur 3,50 m Länge gehört dieses Motor-Dinghy zu den Liliputanern der Kraftbeiboote und Motorboote überhaupt. Trotz seiner Kleinheit wird es an Stabilität kaum etwas zu wünschen übrig lassen, da es für ein Motorboot verhältnismäßig sehr breit ist und sehr völlige Spanten und Wasserlinien hat. Das kurze Deck vorn und hinten hat aber nur Zweck, wenn der Motor gleichzeitig durch eine Spritzkappe geschützt ist. Sonst sind so kleine Boote im Interesse größtmöglicher Geräumigkeit besser ganz offen zu lassen. Im vorliegenden Falle ist nur die hintere Hälfte des Raumes zur Personenbeförderung benutzbar. Als Schlepper kann das Boot mit 1½ P. S. nicht viel und nur auf stehendem Wasser ziehen, es ist daher in der Hauptsache Selbstfahrer und Hafenfährboot für den Eigner. Motor-Beiboote dieser Art und Größe werden gewöhnlich nur von großen Motorjachten auf dem Kajütdach mitgeführt.

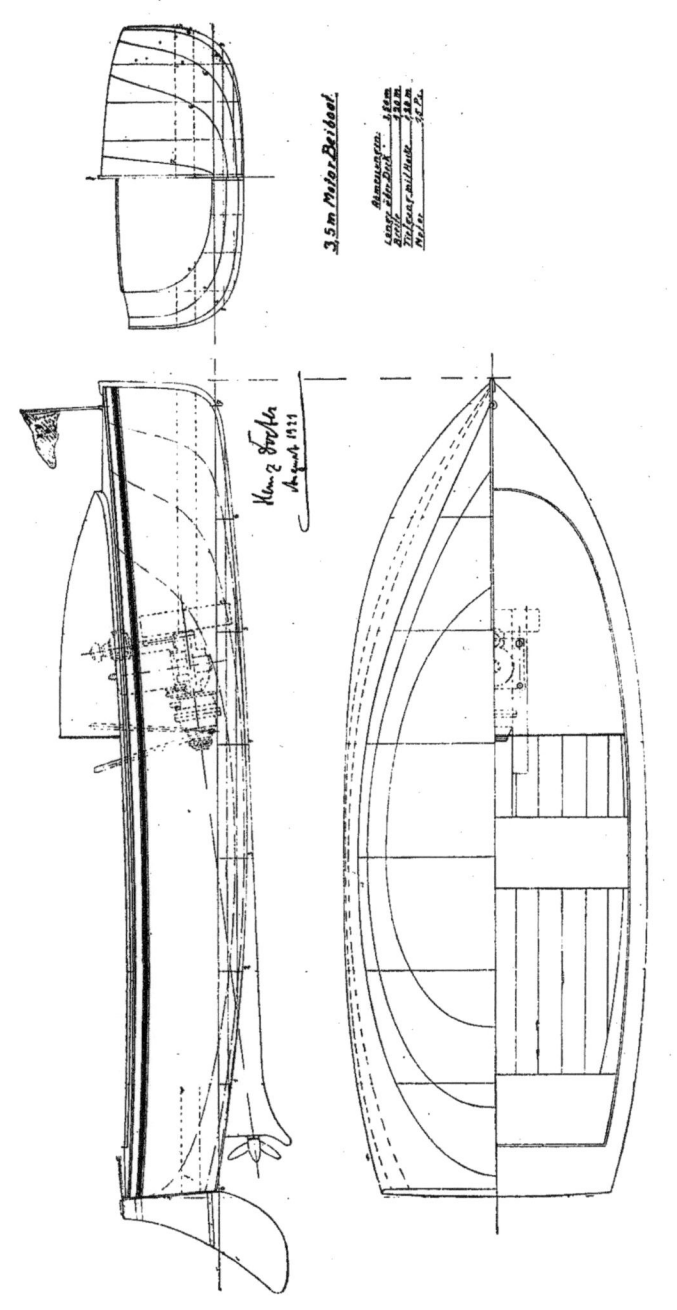

Maßstab 1 : 30.
Länge über Deck 3,50 m, Breite 1,20 m, Tiefgang mit Hacke 0,28 m, Motor 1½ P.S.

Motor-Beiboot „Hildegard".

Entworfen und gebaut von der Gefraha-Werft, Hamburg.

Das Bootchen, in der vorliegenden Zusammenstellung das kleinste seiner Art, wird von der Baufirma reihenweise hergestellt und mit 1½ bis 3 P.S. Antrieb ausgerüstet. Seine Geschwindigkeit beträgt damit 10—11 bzw. 13—14 Kilometer in der Stunde. Die Schraube ist gegen Grundberührung durch eine Hacke geschützt, auf der auch das tiefreichende Ruder gelagert ist. Reichlicher Sprung und Freibord machen das Boot trotz seiner Kleinheit auch für rauhes Wasser und zu den verschiedensten Verwendungszwecken geeignet.

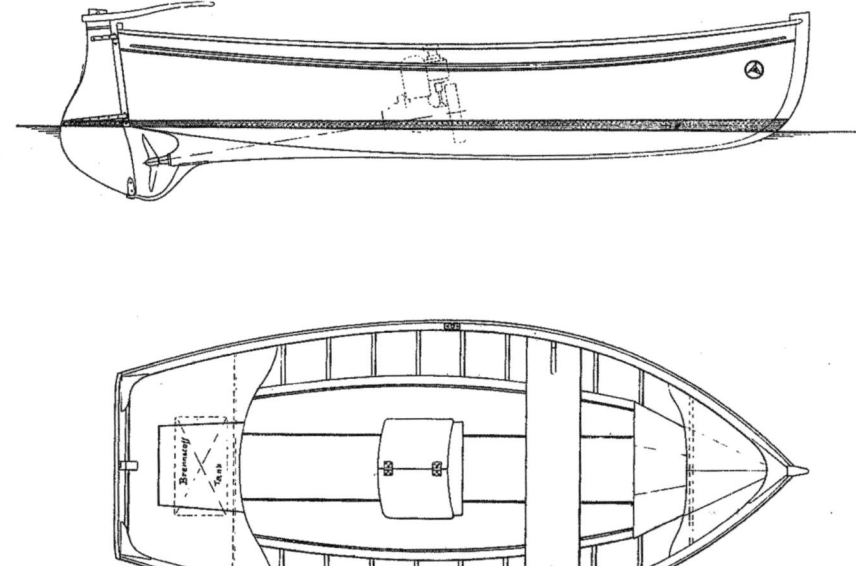

Maßstab 1 : 30.
Länge 2,80 m, größte Breite 1,20 m, Tiefgang an der Hacke 0,30 m.

Schnelles einhandiges Motor-Dinghy.

Für Personen-Beförderung weniger geeignet, sondern mehr für schnelle Verkehrsmöglichkeit zwischen Jacht und Land, also gewissermaßen als Depeschen- und Postboot gedacht und höchstens für drei Personen. Der Führer sitzt stets hinten und bedient Motor sowie Ruder. Der hohe, hinten flossenartige Kiel gewährleistet stetigen Lauf auch bei Seegang und schneller Fahrt. Im großen und ganzen auch mehr Motor-Kleinsport- als Beiboot und für dementsprechende Verwendungszwecke. Auch die Bauausführung karweel deutet darauf hin.

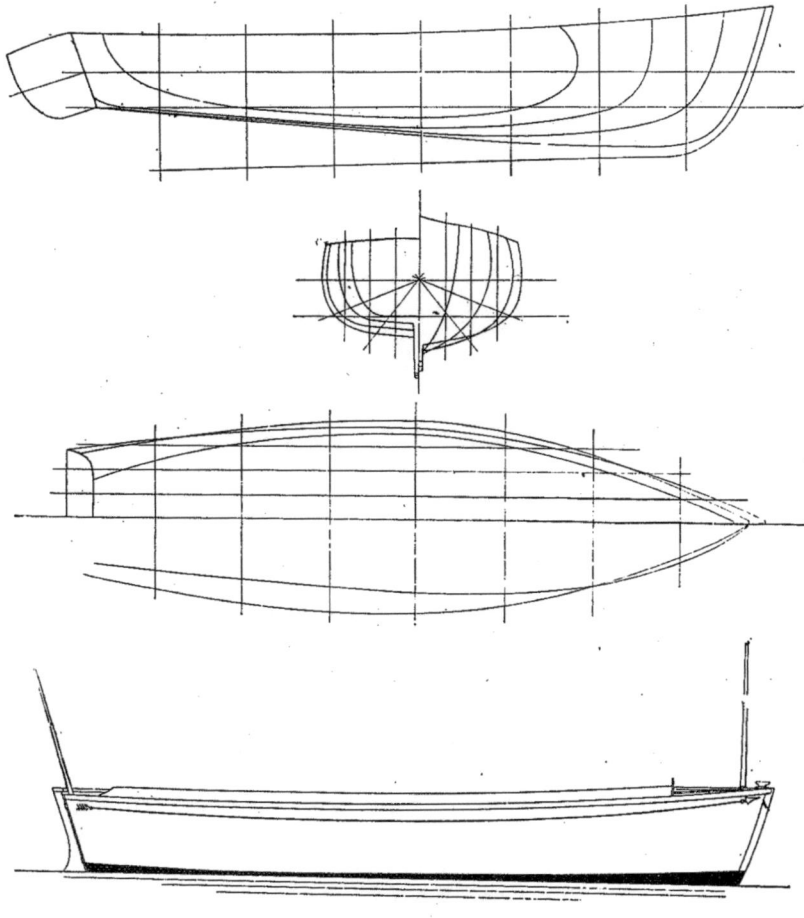

Maßstab 1 : 46.
Länge ü. A. 4,26 m, gr. Br. 1,21 m, Motor: Einzylinder 2 P.S.

Schnelles einhandiges Motor-Dinghy.

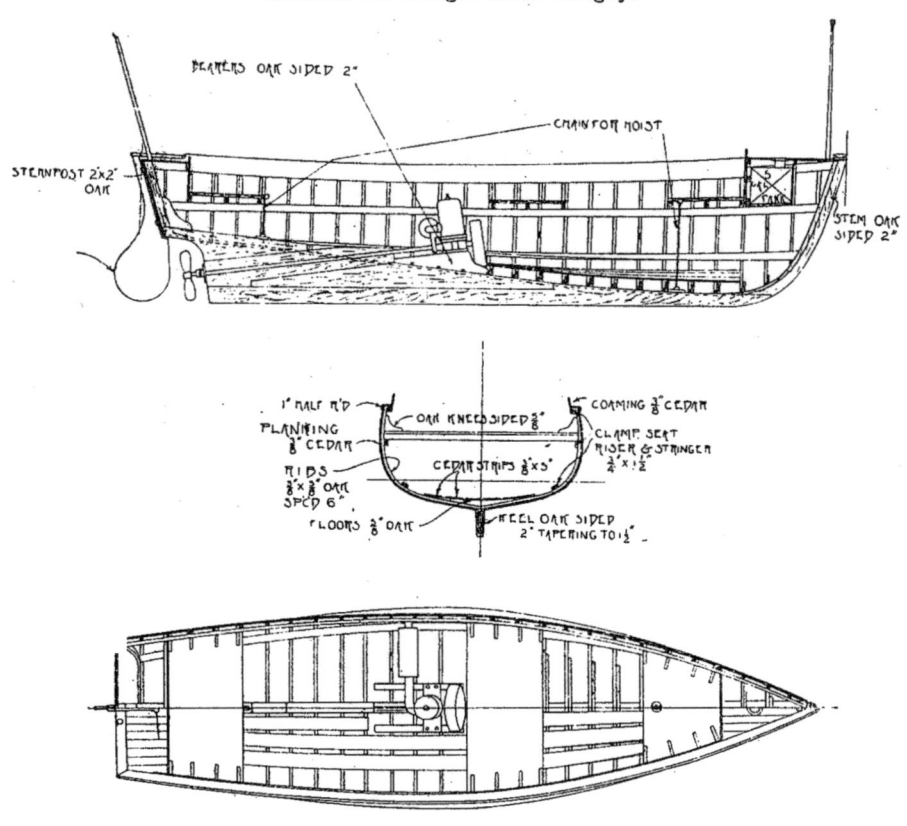

Maßstab 1 : 46.

Gedecktes Schipjack-Motor-Dinghy.

Das Boot ist von einfachster Bauart, sieht aber trotzdem nicht übel aus und verrät in seinen Linien gute Eigenschaften für stillere, wie auch für rauhere Gewässer, da es vorn weit eingedeckt ist und an beiden Enden scharfe Linien mit reichlichem Reserve-Deplacement aufweist. Als Decks- oder Seitenboot für eine große Jacht wird man es wohl nicht wählen, wohl aber ist es als Verkehrsboot zwischen der Jacht und dem Land gut brauchbar und mit stärkerem Motor auch ein handiger kleiner Schlepper. Auskömmliche Stabilität bekommt es allerdings erst mit mehreren Insassen oder entsprechender Zuladung. Der Führer sitzt auf einem Kasten- oder Klappstuhl in der Mitte, wo er den Motor bedienen und mit seitlich angebrachtem Handrad steuern kann.

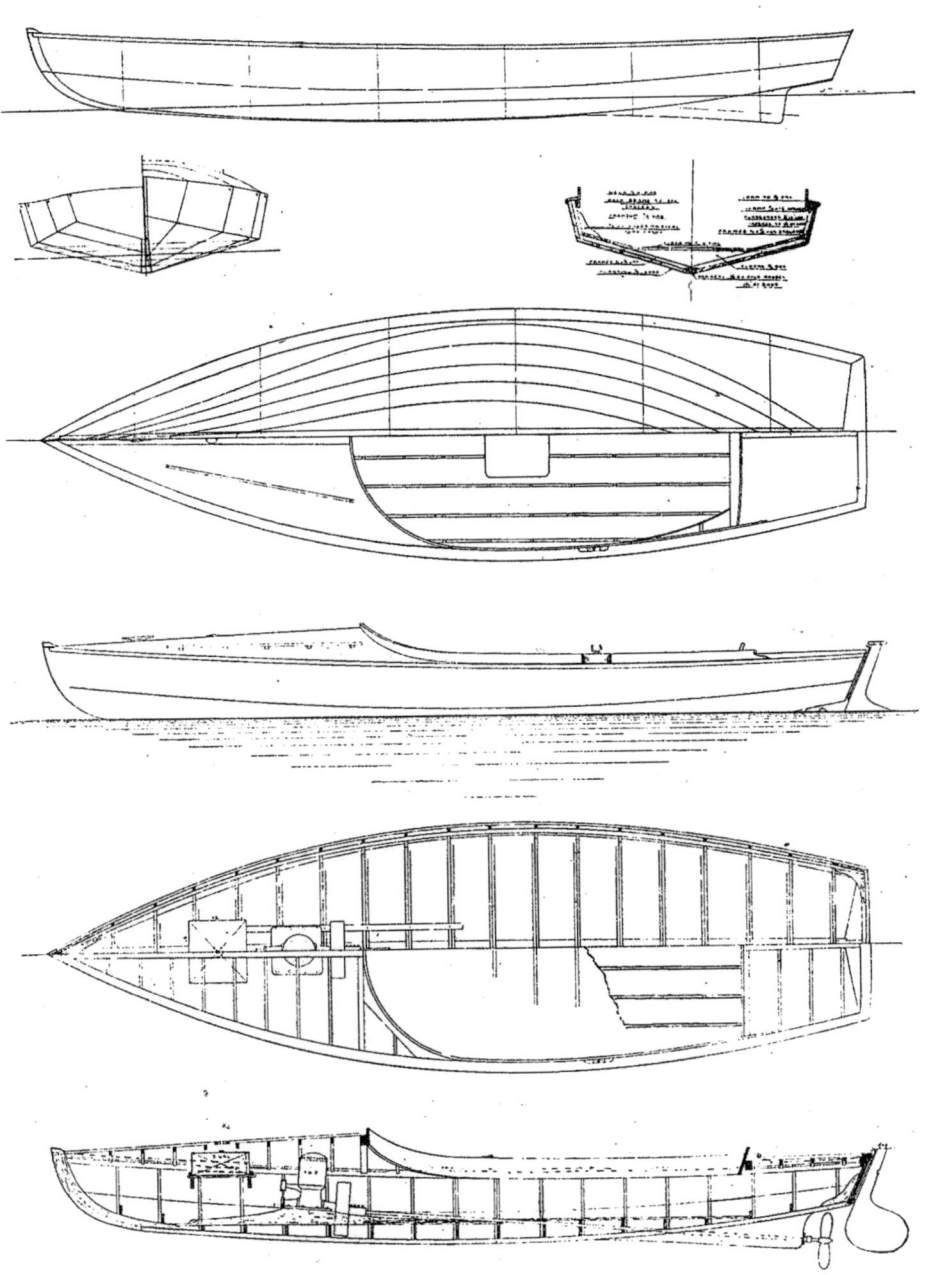

Maßstab 1 : 35.
Länge ü. A. 3,96 m, gr. Br. 1,22 m, Motor 1 P.S.

Offenes Schipjack-Motor-Dinghy.

Mit einer Duchtanordnung wie ein Ruderbeiboot ist diesem Motor-Dinghy der einzylindrige 1½ P. S.-Motor hinten eingebaut und treibt einen Drehflügel-Propeller an. Es kann also mit abgestelltem Motor und auf Leerlauf geschalteter Schraube einruderig mit oder ohne Steuermann und 2 bis 3 Fahrgästen gerudert werden. Der hohe Freibord und die scharfen Linien vorn machen es auch auf rauhem Wasser brauchbar. Es kann als Verkehrsboot und als Schlepper dienen. Seiner primitiven Form wegen wird man es aber als mitzuführendes Beiboot einer Jacht nicht wählen, es sei denn, daß diese selbst schipjackartig gebaut ist. Ruder und Schraube sind gegen Grundberührung durch eine kurze Kiel-Flosse und Hacke geschützt, welch letztere auch stetigen Lauf in bewegtem Wasser verbürgt. Sitzraum und Tragfähigkeit hat das Boot für 4 bis 6 Personen.

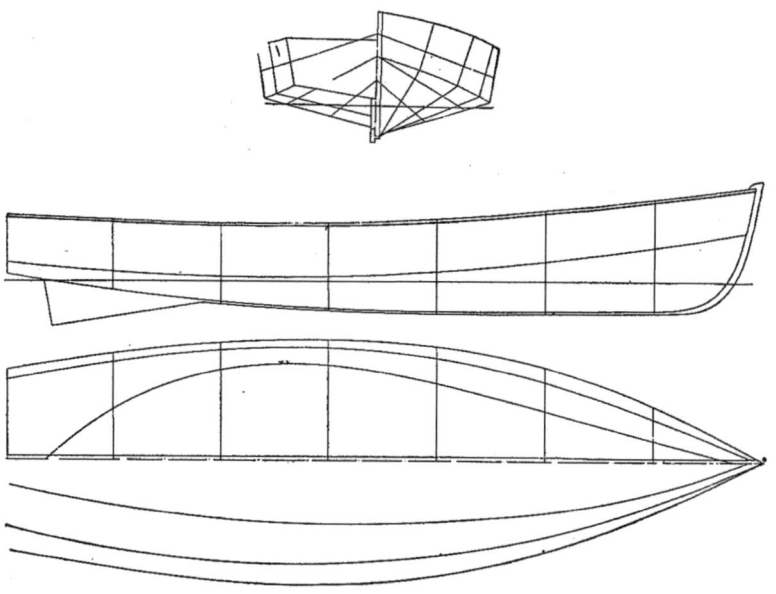

Maßstab 1 : 43.
Länge ü. A. 4,26 m, gr. Br. 1,37 m, Motor: Einzylinder 1½ P.S.

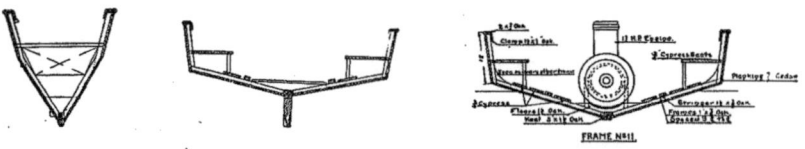

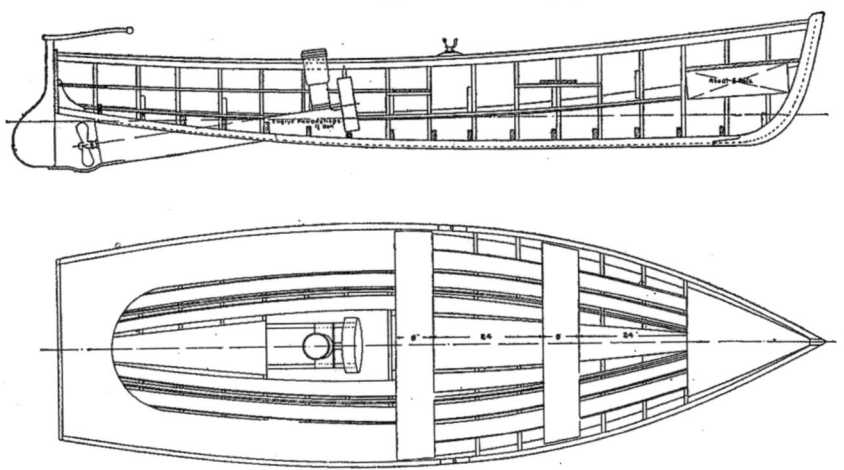

Offenes Schipjack-Motor-Dinghy.

Maßstab 1 : 43.

Motorbeiboot mit Glühkopf-Motor.

An sich für seine Größe ein recht hübsches und für seine Verwendungszwecke wohldurchdachtes und durchkonstruiertes Beiboot von großer Geräumigkeit und Sitzgelegenheit für 6—7 Personen, bei dem vielleicht nur gegen den Glühkopf-Motor etwas einzuwenden ist. Da der Konstrukteur das Boot auch mit Rudereinrichtung für zwei Mann mit Steuermann eingerichtet hat, könnte man den Typ auch „Ruder-Beiboot mit Hilfsmotor" oder Motorbeiboot mit Hilfsrudereinrichtung" bezeichnen. Ruder und Schraube sind gegen Grundberührung gut gesichert, und der Propeller ist eine Drehflügelschraube, um beim Rudern nicht bremsend zu wirken. Im übrigen ist das Beiboot als Seitenboot einer großen Segeljacht gedacht. Der Motor soll hauptsächlich nur zum Schleppen der Jacht in Betrieb genommen werden. Daher denn auch der Glühkopf-Motor, die Drehflügelschraube und die vollbesetzte Rudereinrichtung. Mit letzterer kann das Boot als Einruderer ohne Steuermann oder mit solchem gefahren werden, wenn der Ruderer auf der vordersten Ducht sitzt, wobei der ganze hintere Raum für den Eigner und seine Gäste freibleibt. Schließlich kann das Boot auch noch als Zweiruderer mit Steuermann, also zur Leibesübung im Rudern für ebensoviele Gäste, oder als Arbeits- und Mannschaftsboot benutzt werden.

Motorbeiboot mit Glühkopf-Motor.

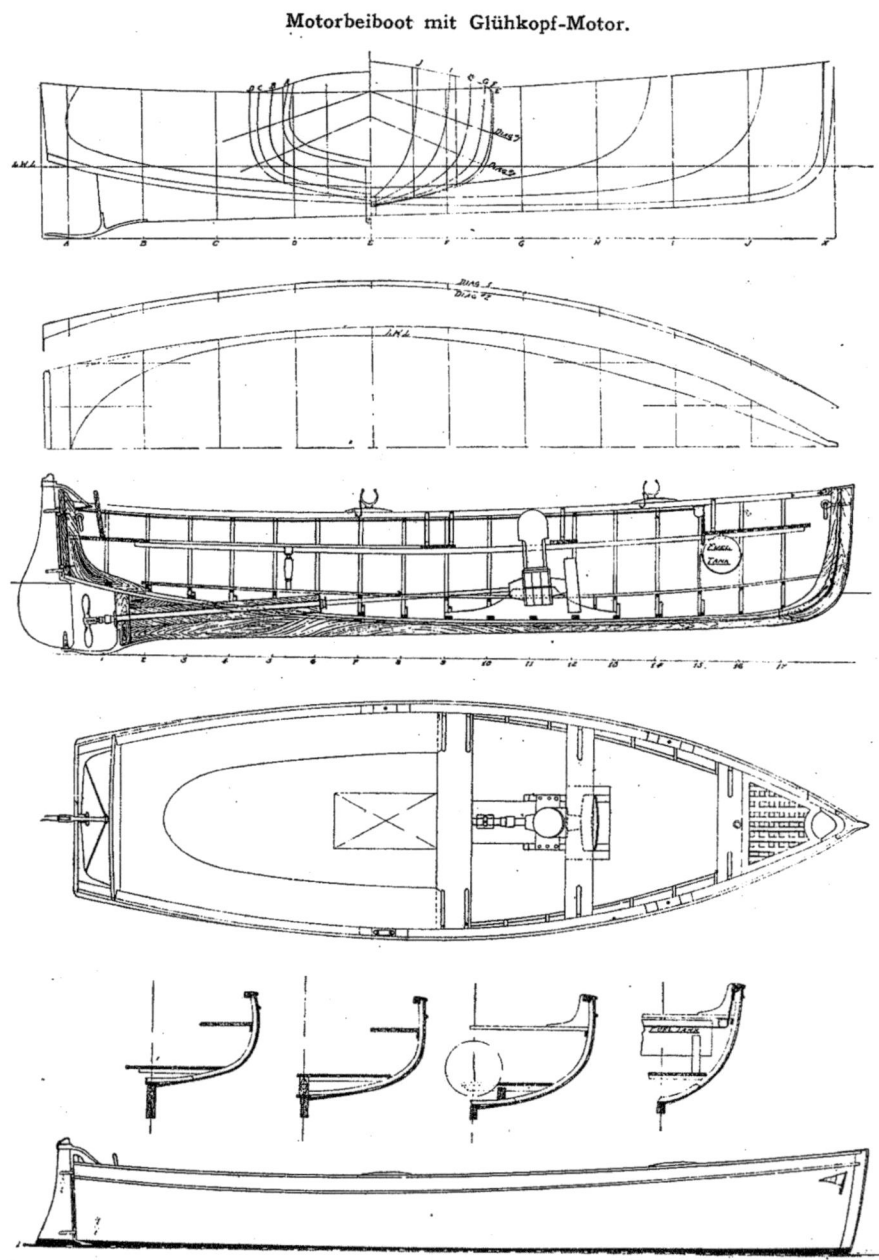

Maßstab 1 : 40.
Länge über alles 4,26 m, größte Breite 1,32 m.

Motorbeiboot mit Balance-Ruder und abgeteiltem Sitzraum.

Ein schönes Beispiel für ein elegantes Motor-Decks- oder Seitenboot für eine große Motor- oder Segeljacht. Es hat abgeteilten Herrschafts- und Mannschaftsraum. Im letzteren ist der Motor eingebaut, und von hier aus wird es gesteuert. Bemerkenswert ist auch das unter dem Heck aufgehängte Balance-Ruder, dessen Quadrant unter dem hintersten Sitz gelagert ist, von wo die Steuerleinen unter den Längsduchten nach vorn in den Mannschaftsraum zu einem seitlich oder hinter dem Motor angebrachten Handrad führen. Ruder- und Drehflügel-Propeller sind unter dem Heck gut geschützt. Zum Schleppen ist das Boot nicht bestimmt. Die Bauausführung ist karweel oder diagonal-karweel mit gestäbtem Vordeck. Das Boot ist zwar ziemlich schmal, aber durch seine tetraederartige Form und völligen Spanten im Mittel- und Hinterschiff ausreichend stabil.

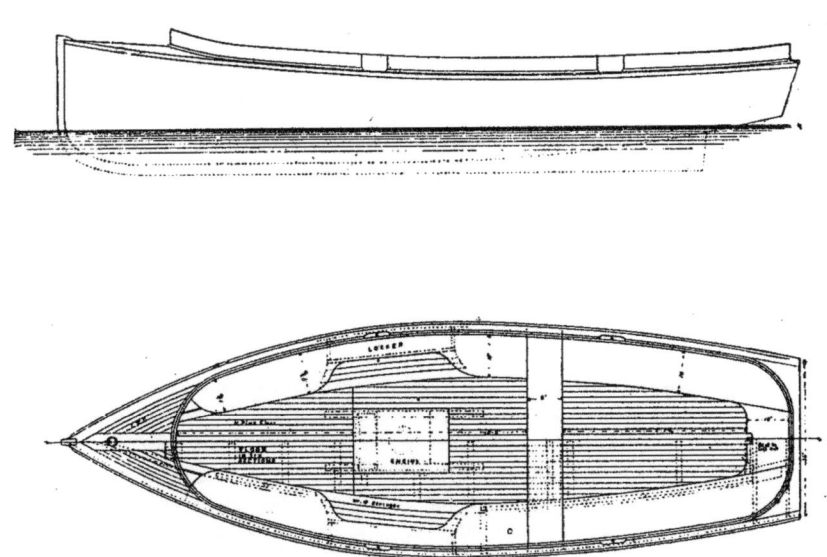

Maßstab 1 : 45.

Länge über alles 4,26 m, größte Breite 1,40 m.

Motorbeiboot mit Balance-Ruder und abgeteiltem Sitzraum.

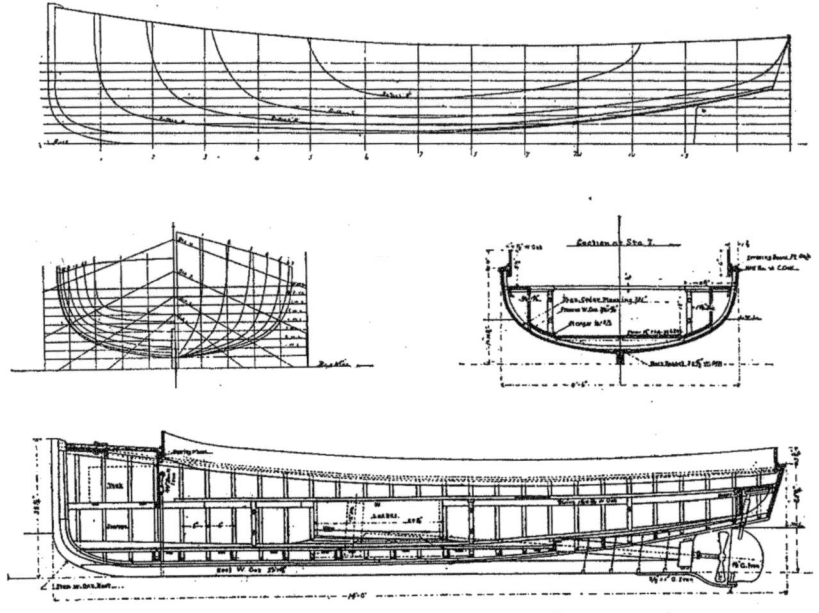

Motorbeiboot mit Balance-Ruder.

Maßstab 1 : 45.
Länge ü. A. 4,26 m, gr. Br. 1,40 m.

Motorbeiboot von 5,20 m Länge.

Nach seiner Linienführung ist dieses Motorbeiboot vorzüglich für rauhes Wasser und zum Schleppen einer großen Jacht bei Flaute geeignet. Die scharfen Spanten im Bug, der hohe Freibord und starke Sprung gewährleisten Seetüchtigkeit, und die achterlastige Trimmlage mit dem hohen Kiel stetige Fahrt und gutes Steuern. Dagegen ist auf besondere Bequemlichkeit für Fahrgäste keine Rücksicht genommen. Vielmehr ist das Boot in erster Linie als Arbeits- und Gebrauchsboot gedacht. Aus diesem Grunde ist auch die Bankeinrichtung nur zum Rudern für zwei Mann (ohne Steuermann) angeordnet. Als Antriebsmaschine ist für das Boot ein einzylindriger Zweitaktmotor von 2—3 P. S. vorgesehen. Die Länge des Bootes über alles beträgt 5,20 m, die größte Breite 1,40 m.

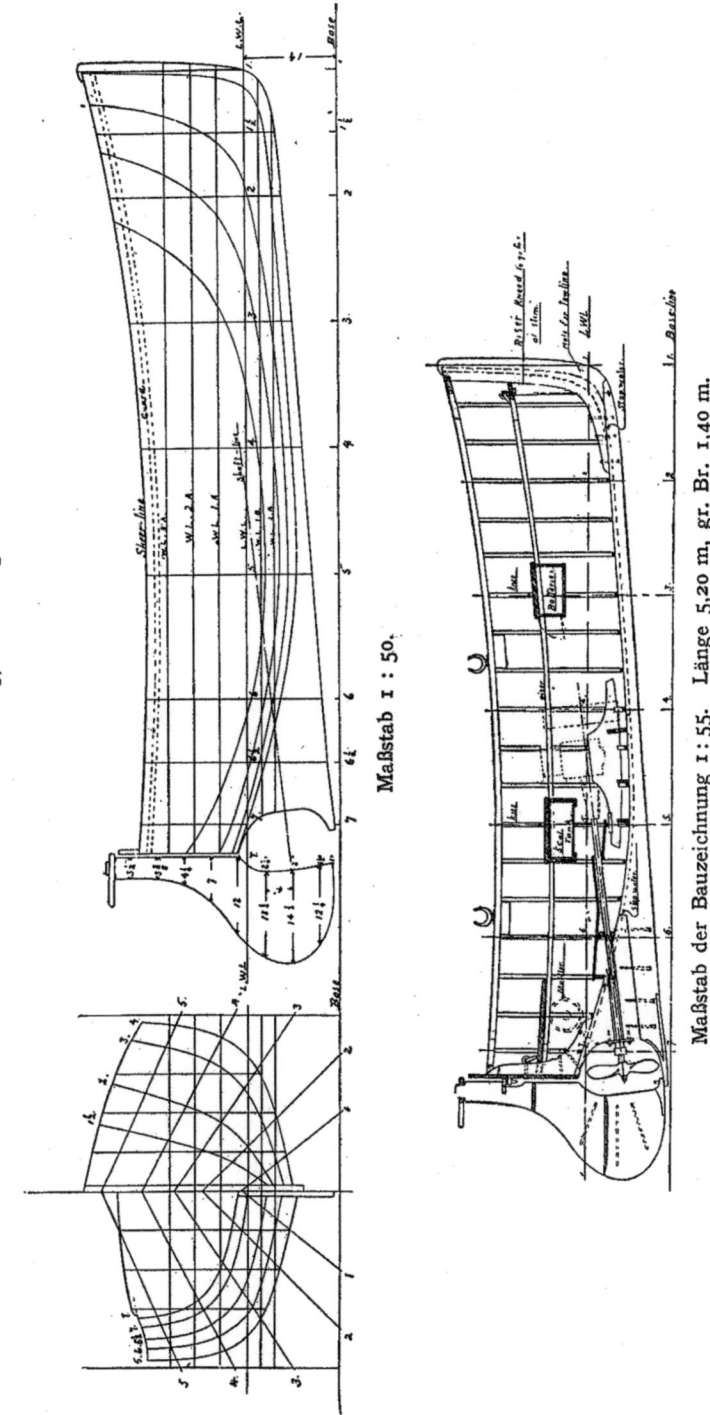

Motorbeiboot von 5,20 m Länge. Maßstab 1:50.

Maßstab der Bauzeichnung 1:55. Länge 5,20 m, gr. Br. 1,40 m.

Zwei 5 m-Motor-Boote als Jachtbeiboote.

Diese beiden Boote sind eigentlich als Wanderboote mit einem Fassungsvermögen für 6 bis 7 Personen entworfen und daher mit dementsprechender Inneneinrichtung versehen. Das eine mit dem Motor im hinteren Teil hat feste Längs- und Querduchten, das andere dagegen nur Querduchten vorn und hinten, mit offenem Raum in der Mitte zum Aufstellen von Korbsesseln oder Einbau von Klappsitzen. Beide erreichen bei 5,00 bis 5,20 m Länge und 1,35—1,40 m größter Breite mit 3 P. S. Einzylindermotor 10—11 Kilometer Stundengeschwindigkeit und wären als Jachtbeiboote hauptsächlich zum Ein- und Ausbooten sowie für kleinere Ausflüge zu verwenden.

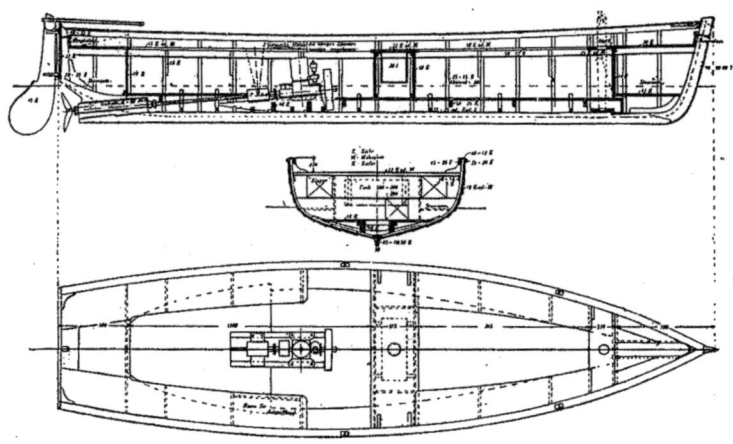

Maßstab 1 : 60.
Länge 5,20 m, Breite 1,40 m.

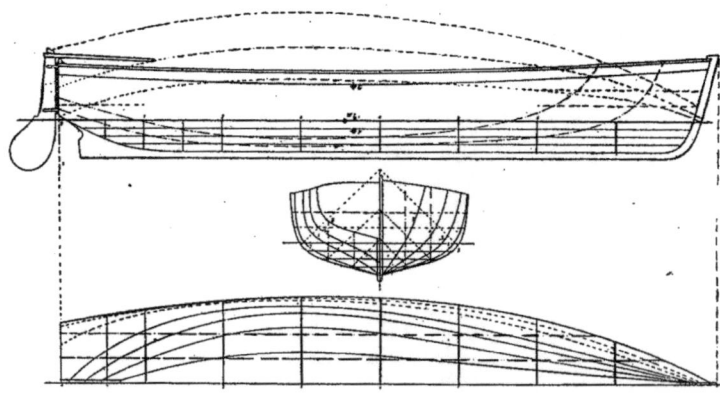

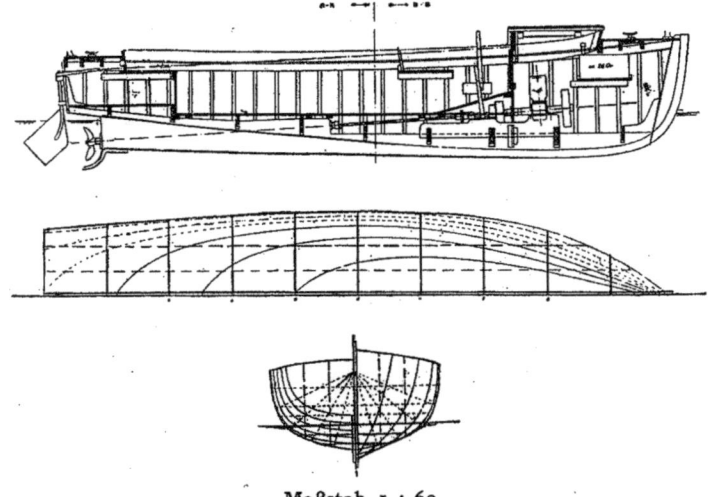

Maßstab 1 : 60.
Länge 5,00 m, Breite 1,35 m.

Schleppbeiboot,
entworfen und gebaut auf der Werft der Gefraha-G. m. b. H., Hamburg.

Vornehmlich zum Schleppen verwendbar, kann das Boot nach Abnahme des Schleppbockes und Bügels auch anderen Zwecken nutzbar gemacht werden; es hat guten Schutz für Ruder und Schraube und eignet sich durch seine allgemeine Form und vordere Eindeckung auch für rauhere Gewässer.

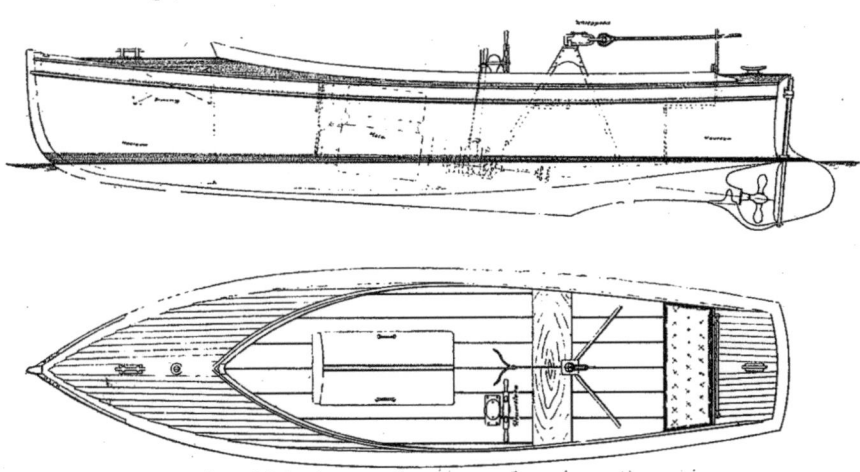

Maßstab ca. 1 : 60.
Länge 6,00 m, Breite 1,60 m, Tiefgang 0,55 m, Motor 18 P.S.

Motor-Dory-Beiboot.

Die Dory wird besonders in Amerika häufig als Motor-Beiboot benutzt und ergibt als solches ein schlankes, schnittiges, aber doch seetüchtiges und schnelles Verkehrsmittel. Die Anordnung der Schraubenlagerung und des Ruders ist auf der Ansichtszeichnung ersichtlich.

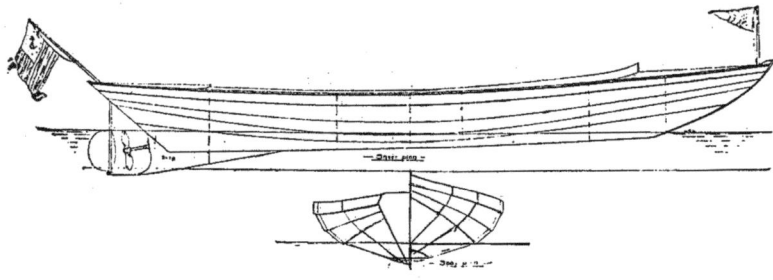

Motor-Dory.
Maßstab 1 : 75.
Länge 6,60 m, gr. Br. 1,85 m.

Motorbeiboot in Tetraëder-Form.

Das vorn zur Unterbringung des Benzinbehälters und hinten zur Einlagerung des Auspufftopfes nur wenig gedeckte, an den Seiten dagegen ganz offene Boot mit starkem Deckssprung und hohem Freibord soll möglichst schnell sein und ist daher in Tetraëderform entworfen. Es ist zur Beförderung für 5 Personen eingerichtet, wovon die vorn auf Backbord sitzende mittels des an der inneren Bordwand angebrachten Steuerrads steuert und die Maschine bedient. Als Propeller ist eine Drehflügelschraube angewendet, deren Steigung beim Schleppen einer größeren Segeljacht entsprechend eingestellt werden kann. Das Boot kann auch mit Pinne gesteuert werden, die jedoch abnehmbar eingerichtet ist. Bootsform und Maschinenkraft befähigen das Boot zum Befahren rauher Gewässer und zum Schleppen größerer Jachten auch auf Strom.

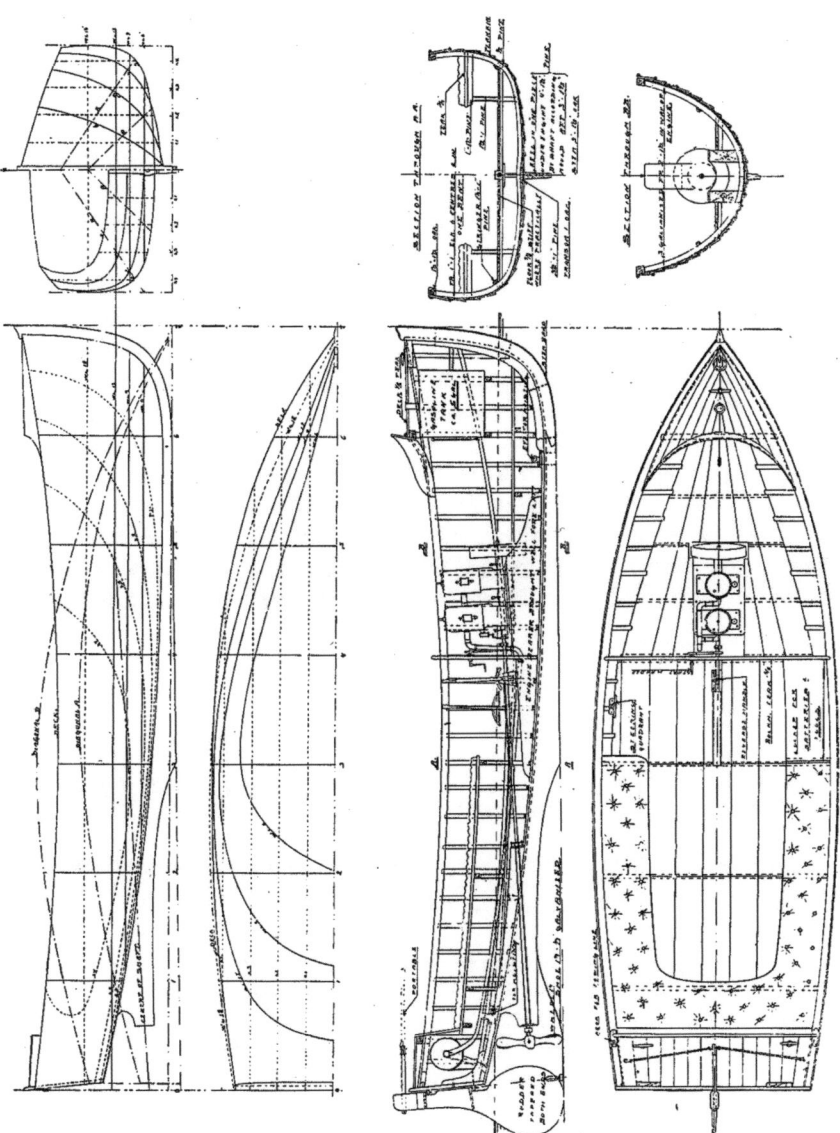

Maßstab 1 : 40. Länge ü. A. 4,26 m, gr. Br. 1,42 m, Motor Zweizylinder 3 P.S.

Motorbeiboot mit Klappverdeck.

Das Boot stellt den modernen eleganten Typ des Seiten- oder Decks-Motorbeibootes größter Jachten dar. Es ist mit einem Zweizylinder-Austin-Benzin-Motor von 5 P. S. mit Wendegetrieb ausgerüstet, der eine dreiflügelige Schraube antreibt. Der Motor steht unter Schutzkasten im vorderen Teil der Plicht. Der Betriebsstoffbehälter ist unter dem Vordeck aufgehängt und wird von hier aus gefüllt. Der Führer sitzt an Backbord auf einem Klappsitz; das Steuerrad ist mittschiffs an der Schottwand angebracht, die den Motor- und Mannschaftsraum von dem Herrschaftsraum trennt. Dieser Raum hat als Fußboden-Belag eine Gräting aus hellem und dunklem Holz, und die Duchten, welche Sitzgelegenheit für fünf Personen bieten, haben Polsterkissen-Belag. Die kurzen Decks vorn und hinten sind gestäbt gelegt; die Decksbeschläge bestehen aus Phosphorbronze. Beide Räume können durch Klappverdecks vorn, oben und seitlich geschlossen und gegen Witterungsunbilden geschützt werden. Im Verein mit seiner absoluten Größe und allgemeinen Form ist dieses Beiboot als besonders seetüchtig anzusprechen. Seine Verwendung ist denn auch vornehmlich auf tiefem Wasser gedacht, doch kann es mit seinem gut abgerundeten Vorsteven auch an Stegen auf flachem Wasser anlegen. Die Schraube ist durch den hohen Kiel gegen Grundberührung geschützt. Die Höchstgeschwindigkeit des Bootes beträgt 13 km in der Stunde.

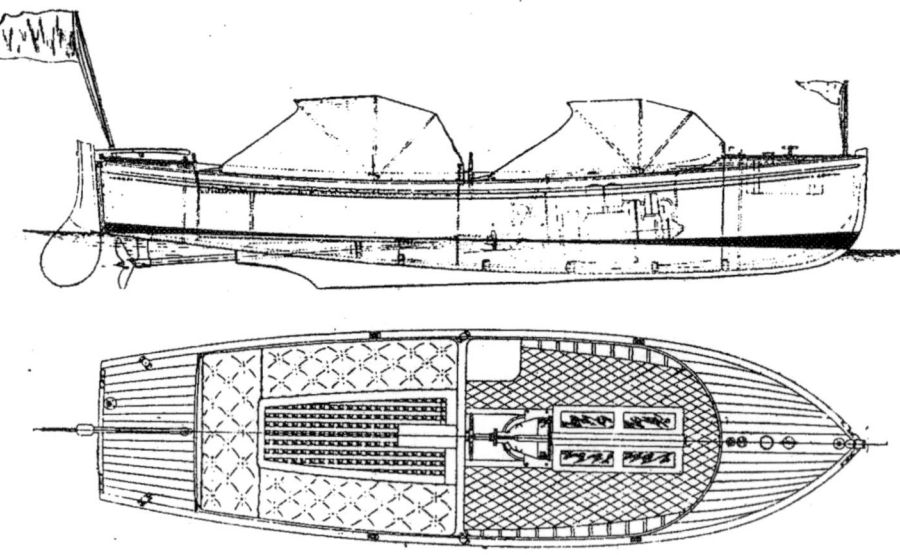

Maßstab 1 : 50.
Länge über alles 5,00 m, größte Breite 1,30 m, Motor 5 P.S.

Motorbeiboot mit Klappverdeck.

Kleinmotorboot „Hannes"
der Jacht- und Bootswerft Drepper & Co., Einfeld i. H.

Das in Lichtbild und umseitig in Seitenansicht und Draufsicht dargestellte Bootchen hat in Sportkreisen viel Anklang gefunden und kann als Beiboot 4 Personen zugleich befördern, sowie mit seitlichem Handrad von der Mittelducht einhändig gefahren werden.

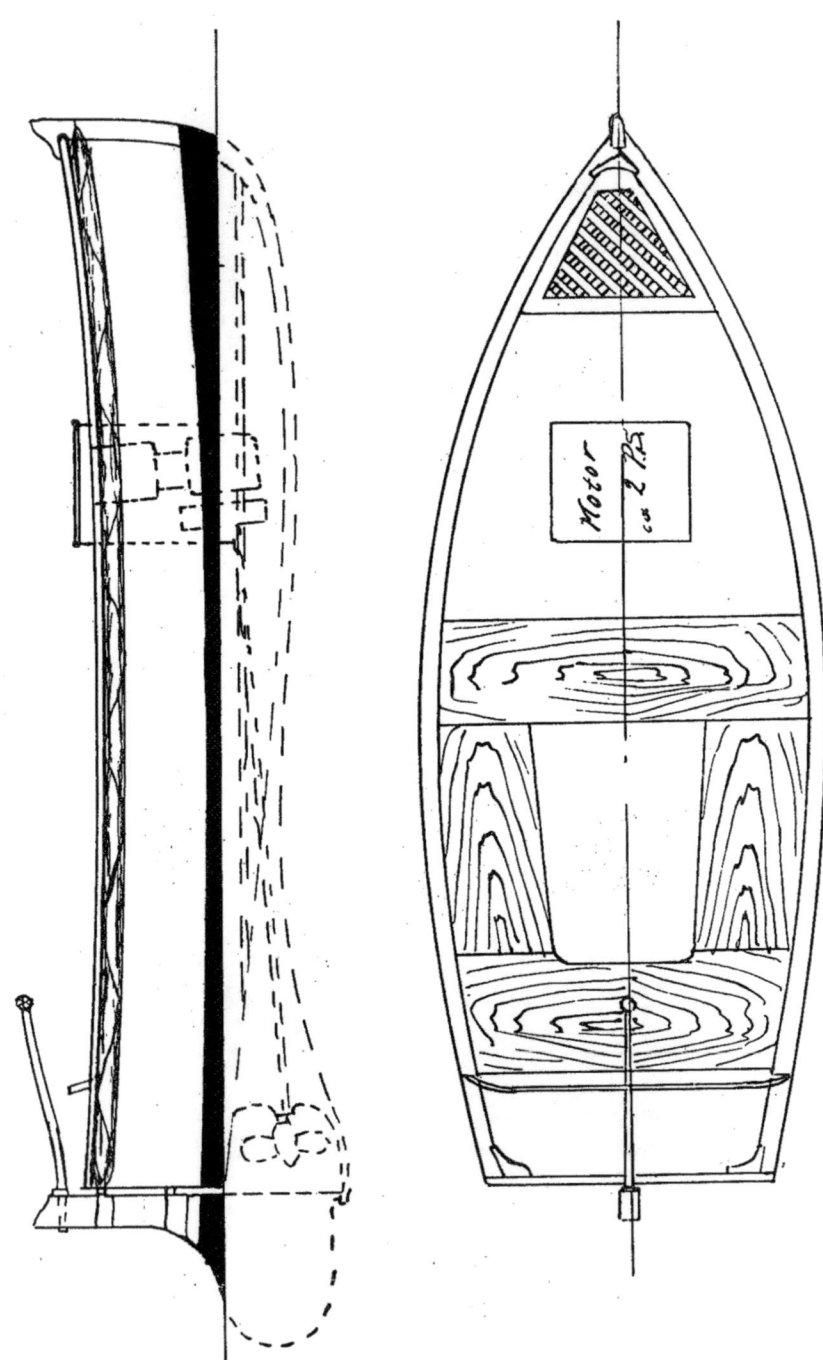

Maßstab 1 : 25. Länge 3,50 m, Breite 1,30 m, Tiefgang ca. 0,40 m.

Das Aluminium-Beiboot.

Zum Schluß berühren wir nun noch das Modernste, das es auf dem Gebiet des Beibootbaues gibt, das Aluminium-Beiboot. Diese Boote, die von einer Tochtergesellschaft des alten Luftschiffbau Zeppelin, der Bootswerft Zeppelinhafen in Potsdam-Wildpark, herausgebracht werden, fußen in ihrer Konstruktion auf den Erfahrungen des Aluminium-Luftschiffbaus. Und zwar findet bei diesen Beibooten zum Bau nicht reines Aluminium, sondern die unter dem Namen Duraluminium bekannte Aluminium-Kupfer-Legierung Verwendung.

Duralumin-Beiboot.

Der Hauptvorzug des Bootes ist natürlich seine Leichtigkeit und damit im Zusammenhang stehend — sein gutes Schleppen. Wiegt das abgebildete voll ruderfertige Boot doch, obwohl es nicht einmal zu den kleinsten seiner Art gehört, knapp 35 kg. Seine leichte Hantierbarkeit — im Nu ist es auch von einem einzelnen Mann an Deck genommen —, seine absolute Wasserdichtigkeit und seine bequeme Ruder- und Schleppfähigkeit würden es einfach zu dem Ideal-Beiboot machen, wenn der naturgemäß ziemlich hohe Preis nicht wäre. Das hier gezeigte Boot kann obendrein noch mit einem kleinen Motor — etwa einem kleinen Hansonschen Pirat-Motor mit zwei liegenden Zylindern ausgerüstet werden. Das hat die erbauende Werft auch eingesehen und ihre etwas größeren Boote eines ähnlichen ebenfalls in V-Bodenform gehaltenen Typs mit Motoren ausgerüstet.